普通高等教育"十一五"国家级规划教材
辽宁省首批"十二五"普通高等教育本科省级规划教材
21世纪韩国语系列教材
大连外国语大学科研项目

韩国语写作

(第二版)

林从纲　金　龙　编著
张　茜　李淑杰　代丽娟　权赫哲　徐　俊　参编

图书在版编目(CIP)数据

韩国语写作/林从纲,金龙编著.—2版.—北京:北京大学出版社,2016.7
(21世纪韩国语系列教材)
ISBN 978-7-301-26421-8

Ⅰ.①韩…　Ⅱ.①林…②金　Ⅲ.①韩鲜语—写作—高等学校—教材　Ⅳ.①H555

中国版本图书馆CIP数据核字(2015)第246556号

书　　　名	韩国语写作(第二版) HANGUOYU XIEZUO
著作责任者	林从纲　金　龙　编著
组稿编辑	张　娜
责任编辑	刘　虹
标准书号	ISBN 978-7-301-26421-8
出版发行	北京大学出版社
地　　　址	北京市海淀区成府路205号　100871
网　　　址	http://www.pup.cn　新浪微博:@北京大学出版社
电子信箱	pup_russian@163.com
电　　　话	邮购部 62752015　发行部 62750672　编辑部 62754382
印 刷 者	北京溢漾印刷有限公司
经 销 者	新华书店
	787毫米×1092毫米　16开本　11印张　300千字 2007年4月第1版 2016年7月第2版　2022年4月第3次印刷
定　　　价	47.00元

未经许可,不得以任何方式复制或抄袭本书之部分或全部内容。
版权所有,侵权必究
举报电话:010-62752024　电子信箱:fd@pup.pku.edu.cn
图书如有印装质量问题,请与出版部联系,电话:010-62756370

第二版前言

《韩国语写作》于2007年出版,作为普通高等教育"十一五"国家级规划教材,因其体系完整,理论联系实际紧密,受到广大读者的青睐,先后8次印刷。现在又入选为辽宁省首批"十二五"普通高等教育本科省级规划教材,这就要求我们根据多年的教学实践经验和最新研究成果,更好地修改此书。

在我们着手修改时,恰逢韩国自2014年下半年起调整了韩国语能力考试(TOPIC)政策,加大了写作考试所占的比重。为此,我们除对原书进行修改、增补外,还增编了一节有关韩国语能力写作考试的内容。具体讲述句子、段落和文章的写法,同时添加了与写作考试有关的真题和参考词汇附录,使广大学习者在学习韩国语写作时,可结合韩国语能力考试对写作的要求进行练习,尽快提高写作水平。

虽然我们努力修改此书,但恐难达初衷,恳请专家、学者以及广大读者批评指正。

编者

2016.6

第一版前言

写作在社会生活和人们交往中十分重要。怎样把文章写好一直受到世人的关注,就是进入电子时代,多媒体的传输基础仍是写作。作为一个外语学习者来说,写作是"听、说、读、写、译"五个环节中必不可少的一环。

随着中韩交流的扩大,学习韩国语的人越来越多。但国内至今缺少一本全面系统讲解韩国语写作的书。我们正是适应这一需要,根据多年教学实践,并吸收了国内外,特别是韩国写作教材的优点,编写了此书。

因为写作是一门技术或艺术,因此,必须了解其基本技能,也就是基本常识。我们从写作的分类、特征、作用讲起,同时说明了书写格式、分写法、纠错符号、标点符号、文章结构、平语体和敬语体等写作中作基本的常识。

写作又是一种理论,它有固有的规律,并可以根据这些规律提出有效的写作方法。在写作理论方面我们提出了好文章的标准及提高写作能力的方法,并阐述了词、句子、段落、文章的写法和各种写作技巧。

写作更是一种实践,因此在明确了写作基本常识和基本理论之后,重点说明了日常写作中最常用的传达信息、论证问题、表达感情、进行交往等文章的特点及写作要求,还提供了优秀范文。

该书不仅可以作为大学韩国语写作教材,而且可以成为自学韩国语写作的参考书。本书的特点是材料新颖、简单明了、通俗易懂、注重应用。

在本书的编写过程中,参考了大量国内外资料和论著,我们对这些书的作者表示深深的谢意。

当本书成稿之时,我们欣喜地得知该书已列为"十一五国家级教材",这就更使我们感到写好此书的责任重大。由于水平有限,恐难达初衷,恳请专家、学者及广大读者批评指正。

2007.2

目 录

基础篇 ·· 1
一、写作简介 ··· 3
二、书写格式 ··· 4
三、分写法 ·· 7
四、修改符号 ··· 11
五、标点符号的用法 ··· 12
六、平语体和敬语体 ··· 18
七、文章的结构 ·· 19

理论篇 ·· 23
一、好作品的必要条件 ·· 25
二、提高韩国语写作能力的方法 ··· 26
三、写文章的顺序 ·· 26
四、文章的基本单位（一） ·· 32
五、文章的基本单位（二） ·· 41
六、文章 ·· 56
七、修辞技巧 ··· 58

实践篇 ·· 65
一、传达信息内容的写作 ··· 67
二、论说文的写作 ·· 73
三、表达情感的文章写作 ··· 79
四、以交往和介绍为目的的文章写作 ·· 83
五、论文写作 ·· 109
六、韩国语能力考试写作备考练习 ·· 117

附录一　补充作文题 ·· 131
附录二　韩国语能力考试写作备考练习内容（主题）提示 ····························· 132
附录三　韩国语能力考试写作备考练习参考词汇 ··· 133
附录四　韩国语常用惯用语 ·· 157
附录五　历届韩国语能力考试中出现过的惯用语 ··· 164
附录六　第35届韩国语能力考试写作真题及参考答案 ·································· 166
主要参考文献 ·· 169

基础篇

一、写作简介

　　写作俗称写文章,它是人类运用文字、符号进行记录、交流、传播信息的语言活动。最初的写作产生于人类书面文字起源之时,传统的写作是指书面文章的写作,而当今社会传统的写作逐渐被新的书写工具—键盘、电子笔、电脑屏幕和电脑软件等所代替,但是写作和写作的主体并没有变化,电脑只是人类应用的工具。写作对人们交流思想,传递信息,提高文化素质起着最重要的作用。

1. 写作的分类(글의 종류)

　　(1)实用写作,包括社会成员各自工作职务所需的文字写作,如公文写作、经济写作、司法写作、科技写作等。
　　(2)艺术写作,即文学作品的创作,如诗歌、小说、散文、报告文学、剧本的写作等等。

2. 写作的特征(글쓰기의 특징)

　　(1)创造性,写作从它传达的是"信息"(新的信息)以及它是作者对文字、材料、篇章段落的个性化组合的意义上讲,它的首要特征是"创造性"。
　　(2)深刻性,写作从它运用的是以语言为媒介的角度和其他传播相比较,它的特征是"深刻性"。
　　(3)综合性,写作从它作为一种技术性的实践活动所需要的知识来讲,它的特征是"综合性"。

3. 写作的作用(글쓰기의 효용)

　　(1)写作是交流思想,传递信息的重要手段。写作行为具有鲜明的目的性,写文章的目的不仅仅是表达作者对事物的感受和感情,而是作者进一步把自己的意见和主张,或重要信息传递给读者,使其受到一定的感染和影响,改变某种态度或立场。所以写作并不是作者的独白,而是同读者的对话活动,是社会的相互作用过程。
　　(2)写作是培养和提高思维能力的重要手段。写作是一种以高等思考为基础的复杂的创造实践活动,写作过程反映思维的过程。在写作实践中作者对客观世界加深理解,对人类总结的经验和理论加深理解,作者的精确思维的能力也随之提高。例如,通过对所写文章的反复琢磨,可以检查和反思自己的思维过程,发现问题,纠正错误,使之更具科学性、创造性、逻辑性。
　　(3)写作是训练判断能力和解决问题能力的手段。在写作的全过程,从确定主题到选择素材,安排结构到立意成章,叙述方法到表现技巧,选词造句到增删改调,都需要作者深思熟虑,反复推敲,严格判断,精心取舍。例如:如何搜集和使用材料,怎样提炼主题,如何布局谋篇,如何运用语言,怎样表达,如何行文,对这些作者都要进行判断,做出决定。所以说写文章也是判断能力和运筹决策能力的训练过程。

（4）写作也是增长知识,陶冶情操,涵养品性的手段。写作是作者情感、思想、生活和语言等全部知识的实际水平的综合性表现。写作活动需要眼观六路,耳听八方,博览群书,集思广益,勤思多练。通过这样的活动可以培养辨别真善美与假恶丑的审美情趣和健康的道德情操,激发积极向上的进取精神。

二、书写格式

韩国语文章通常是横写,也可以竖写。下面结合实例介绍文章横写的书写格式。

1. 标题和副题(제목과 부제목)

标题写在第二行的中心部。如果标题只有二、三个字时,可加一定间隔。题目一般不加标点符号。标题较长需写两行时,第一行稍靠左。若需加副题时,在本题的下一行写,副题两侧加"—"符号。

2. 隶属与姓名(소속과 이름)

隶属与姓名原则上在标题下空一行即第四行写。但有时也可将隶属写在第四行靠右,最后一字空二、三格。姓名写在第五行靠右,最后一字空两格。考虑到视觉效果也可将名字之间空一、二格。

3. 正文(본문)

（1）正文与名字之间空一格且一字一格。

（2）罗马数字、罗马字大写及表示日期的阿拉伯数字和罗马字小写各占一个格。2个以上的阿拉伯数字或罗马字小写两字占一格。

（3）文章开始或段落变换时空一格。对话时也应空一格,且对话无论多短也应各占一行。项目前也应空一格。

（4）书写时在行的最后本应空一格而无空格时,可加隔写符"∨",而下一行不空格。打字时可不加"∨"隔写符。

（5）标点符号

标点符号占一格,疑问号及感叹号之后空一格。"—"号占两格,书写时在行的最后应有标点时,可点在格外,绝对不可点到下一行。打字时可不在格外加标点。

<例1>

　　　　　　　어느 소녀의 행복

　　　　　　　　　　　한국어학과 3반
　　　　　　　　　　　　　　이 지 윤

　어릴 때 나는 만화를 무척이나 좋아했다. 비좁은 만화 가게 안에서 만화책 몇 권을 잡으면 거기서 펼쳐지는 갖가지 세계를 누리면서 많은 흥미를 느꼈던 것 같다. 언제나 한 번 만화책을 잡으면 시간 가는 줄 모르고 빠져들었다.
　그러던 내가 지금 기억에 남는 내용이 별로 없는 것을 생각하면 "만화는 역시 만화일 뿐이야"라는 생각이 들며 그 시절이 허무하게 느껴지기조차 한다. 그러나 꼭 기억에 남는 한 가지 이야기가 있다.

아마 초등학교 3학년 때에 읽었던 이야기로 기억된다. 주인공은 꼭 나만

<例2>

한국어 명사보문구조의 분석
－불완전명사를 중심으로－

박병수

1. 서론

국어 전통문법에서 "듯, 척, 체, 양, 것, 터, 바, 적, 수, 줄, 뿐, 일" 등과 같은 형태소를 불완전명사라고 하여 그 특이성을 인정하고 있는 것은 잘 알려진 사실이나 아직 이에 관한 연구는 대체로 형태론 계층에 머물고 있는 것 같다. 이 논문에서 필자는 변형생성문법 이론을 바탕으로 해서 불완전명사가 관련된 문장구조를 분석하여 불완전명사에

대	한		통	사	론		및		의	미	론	적		접	근	을		시	도
하	려	한	다	.														
		(	중	략	)													
							6	.		결	론							
이		상	으	로		한	국	어	의		불	완	전	명	사	와		그	와
관	련	된		명	사	보	문	구	조	를		논	하	였	다	.			
		(	후	략	)													

三、分写法

韩国语是表音文字,有音节之分。因此,规范音节的分、合写方法十分重要。下面说明分、合写方法。

1. 助词和语尾(조사와 어미)

(1) 助词(조사)与前面的单词合写。如：
너야말로, 너하고, 사람처럼, 학자치고, 너밖에, 철수는커녕, 밥을

(2) 语尾(어미)与前面的词干合写。如：
할수록(ㄹ수록), 가자마자(자마자), 굶을지언정(을지언정), 갈거야(ㄹ거야)

2. 依存名词与补助谓词(의존 명사와 보조 용언)

(1) 依存名词(의존 명사)与前面的单词分写。如：
네가 뜻한 바를 알겠다.
주고 싶을 따름이다
보는 둥 마는 둥
아는 이를 만났다.
그가 떠난 지는 얼마 안되었으나 어쩔 수 없다.
소 한 마리, 옷 한 벌, 차 한 대, 집 한 채.

（2）补助谓词(보조용언)与本谓词一般分写，有时也可合写。如：
불이 꺼져 간다 / 불이 꺼져간다.
비가 올 듯 하다 / 비가 올 듯하다.
장민은 아는 척 한다 / 장민은 아는 척한다.
보여주다, 먹어보다, 먹어쌓다, 줄어지다, 어두워지다, 아름다워지다.

3. 合成词和派生词(합성어와 파생어)

（1）合成词形成一体时合写。
미닫이, 돌다리, 힘들다, 작은형, 부슬비, 길바닥,
굶주리다, 남부끄럽나, 온종일, 곧잘, 죄다, 높푸르다

（2）派生词形成一体时合写。如：
애호박, 선잠, 대도시, 신소설, 맨발, 마음껏
하나씩, 알다시피, 헛되다, 깔보다, 자연스럽다
착하다, 기름지다, 걱정되다, 청소시키다, 결박당하다

（3）合成和派生词形成一体时合写。如：
해돋이, 품갚음, 나들이, 시부모, 돌배나무, 되돌아가다
소금구이, 틈틈이, 사랑하기

（4）合写后理解困难时分写。如：
신 패션, 총 수업시수, 순 우리말
19세기 말에, 사람 간(间)에, 야만인 간에 / 야만 인간에

（5）前后的单词联系紧密时合写。如：
동쪽, 오른쪽, 지난번, 이편, 젊은이, 이것, 그이,
어린것, 작은따옴표, 눈짓, 보다못해

（6）叠语、准叠语、意义相反的单词形成一体时合写。如：
가끔가끔, 덜커덩덜커덩, 깡충깡충, 구불구불
엎치락덮치락, 붉으락푸르락, 올긋불긋
오나가나, 자나깨나, 왔다갔다

（7）谓词作副词使用并形成叠语形态时分写。如：
곱디 고운, 뻗고 뻗어, 흘러 흘러, 곧디 곧은

（8）相同意思的单词重复而看成一个单词时合写。如：
매일마나, 농사일, 수양버들, 가마솥, 휴일날, 역전앞, 자갈돌

（9）名词或具有名词性质的单词与"없다"或其活用形结合时，一般合写。
인정없다, 버릇없다, 다름없다, 체신없다
쉴새없이, 터무니없다, 하잘것없는, 밑도끝도없이

4. 数字(숫자)

数字一般分写,但要特别注意以下几种情况。如:

(1) 数字与表示单位的名词一般分写。

　　한 대, 한 채, 백 원

(2) 数字表示顺序时或阿拉伯数字与后面的名词结合时可合写。

　　두시, 삼십분 오초, 삼학년, 제일과

　　1994년 8월 15일, 7미터

(3) 用韩文记数时,以万为单位分写。

　　일억, 이천삼백사십오만, 육천칠백팔십구, 1억 2345만 6789

(4) 固有词数字作冠形语时,后面的名词与其分写,汉字词数字作冠形语时,后面的名词与其合写。如:

　　다섯 사람, 열 뭉치

　　오인(五人), 일세대(一世帶)

5. 接续词和单音节词(접속어와 단음절어)

(1) 接续或列举两个词的副词或名词,一般与前后的词都分写。如:

　　국장 겸 과장, 열 내지 스물, 청군 대 백군, 이사장 및 이사들,

　　사과, 배 등, 걸상, 책상 등이 있다.

(2) 冠形词一般与后面的名词分写,但是单音节词连续出现时,可以合写。如:

　　새집 한 채, 그때 그곳, 이말 저말, 한잎 두잎

6. 姓名和专有名词(이름과 고유명사)

(1) 姓和名,姓和号合写。姓名与其后的称呼语和官职名分写。只是姓和名,姓和号需要明确区分时分写。如:

　　한슬기, 서화담, 백봉자, 김구, 안중근, 주시경,

　　이강 씨, 최치원 선생, 공병우 박사, 충무공 이순신 장군,

　　세종 대왕, 안중근 의사, 장 선생, 김 과장

　　궁억/남궁 억, 독고준/독고 준, 황보지봉(皇甫芝峰)/황보 지봉

(2) 姓名以外的专有名词(고유명사)一般以单词分写为原则,但也可按单位合写。如:

　　대한 중학교/대한중학교

　　한국 대학교 사범대학 부속 중학교/한국대학교사범대학부속중학교

(3) 专用语(전문 용어)一般以单词分写为原则,但也可以合写。

　　만성 골수성 백혈병/만성골수성백혈병

　　중거리 탄도 유도탄/중거리탄도유도탄

7. 分、合写方法在句子中的典型应用举例(문장에서의 띄어쓰기)

(ㄱ) 글쓰기의 기초는 '띄어쓰기'라는 말을 한ˇ적 있다.

(ㄴ) 방학ˇ중에 여행을 다녀오도록 하자.

(ㄷ) 그저 망연히 볼ˇ따름이다.

(ㄹ) 소, 돼지, 염소ˇ등은 인간과 가장 가까운 가축들이다.

(ㅁ) 당구에 재미를 붙인ˇ지 벌써 삼ˇ년이 지났지만 여전히 초보 수준이다.

(ㅂ) 10여ˇ년 동안 이룩한 것이 고작 이것이냐?

(ㅅ) 연필 한ˇ다스에는 연필 12자루가 들어 있다.

(ㅇ) 오징어 한ˇ축은 스무ˇ마리, 마늘 한ˇ접은 100ˆ개를 일컫는 말이다.

(ㅈ) 너는 너대로 나는 나대로, 하고 싶은ˇ대로 하자꾸나.

(ㅊ) 먹을ˇ만큼 퍼 오랬더니 아빠ˆ만큼은 퍼 오고 말았다.

(ㅋ) 경찰관ˆ뿐 아니라 소방관ˆ조차 그저 바라볼ˇ뿐이다.

(ㅌ) 수년ˆ간 어깨너머로 봐왔기에 흉내 내는 데 별 문제가 없다.

(ㅍ) 결국 그ˇ일 때문에 우리 모두 지각하고 말았다.

(ㅎ) 앉기에는 두ˇ번째, 눕기에는 첫ˇ번째 의자가 좋다.

(ㄱ') 우리 속담에 '천리길도 한ˇ걸음부터'라는 말이 있다.

(ㄴ') 지금보다 두ˇ배 세ˇ배 이상 땀을 흘려가며 기술을 연마해야 한다.

(ㄷ') 첫ˆ째, 몸이 튼튼해야 무엇이든지 할 수 있다.

(ㄹ') 처음에는 맨ˆ발로 그냥 걸었다.

(ㅁ') 한ˆ걸음에 내달아 단숨에 목적지에 도착했다.

(ㅂ') 저녁때가 되자 우리로 대ˆ여섯 마리의 양들이 우르르 몰려 들려 들어갔다.

(ㅅ') 바다에 사는 포유류로는 뭐니ˆ뭐니 해도 고래를 꼽아 볼 수 있다.

(ㅇ') 이 문제의 답이 3번인지 4번인지는 알쏭ˆ달쏭하다.

以上句子(ㄱ)的"적",(ㄴ)的"중",(ㄷ)的"따름",(ㄹ)的"등",(ㅁ)的"지"均为依存名词,与前面的词分写。句子(ㅂ)的"여"是接尾词,应与前面的词合写,而"년"为依存名词,与前面词应当分写。句子(ㅅ)的"다스"与"자루"虽然均为依存名词,但"다스"与固有数词"한"结合时应当分写,而"자루"与阿拉伯数字结合时应当合写。句子(ㅇ)与(ㅅ)类同。句子(ㅈ)前面的"대로"为助词,应与前面词合写,而后面的"대로"为依存名词,应与前面的词分写。句子(ㅊ)前面的"만큼"为依存名词,应当与前面的词分写,而后面的"만큼"为助词,应当与前面的词合写。句子(ㅋ)的"뿐"和"조차"均为助词,应当与前面的词合写。句子(ㅌ)的"간"为"동안"之意,起到助词的作用,应当与前面的词合写,但"부자간,자매간"是合成词,应当合写。句子(ㅍ)的"그",(ㅎ)的"두,첫",(ㄱ')的"한",(ㄴ')的"두,세"均属冠词,应当与后面的词分写。句子⑰(ㄷ')的"첫",(ㄹ')的"맨",(ㅁ')的"한"均属接头词,应与后面词合写。句子(ㅂ')的"대여섯"属概数,应当合写。句子(ㅅ')的"뭐니 뭐니",(ㅇ')的"알쏭 달쏭"为叠语或准叠语,应当合写。

四、修改符号

写文章时需经常修改或对打印稿进行校对。下面介绍修改符号。

符号	含义	举例	
∨	分写	정원에 심어둔 감나무가	정원에 심어 둔 감나무가
∧	合写	정원에 심어 둔 감 나무가	정원에 심어 둔 감나무가
✐	去掉	엉터리이였다.	엉터리였다.
＼＿」	修改多字	할아버지께서 밥을 잡수신다.	할아버지께서 진지를 잡수신다.
✐	修改一字	물건이 가득 였다.	물건이 가득 쌓였다.
⌐	后退一格	바람이 세게 불어친다.	바람이 세게 불어친다.
⌐	向前一格	바람이 세게 불어친다.	바람이 세게 불어친다.
⌐	另起一行	태어났다. 조상의 빛난	태어났다. 조상의 빛난
⌒	连接前行	태어났다. 조상의 빛난	태어났다. 조상의 빛난
＜ ＜	插入一行	바람이 불고 눈이 내린다.	바람이 불고 눈이 내린다.
∽	交换位置	영화를 나는 보고	나는 영화를 보고
∧	插入符号	믿음 희망 사랑	믿음, 희망, 사랑,
↵	插入符号	그는 웃었다 그러나	그는 웃었다. 그러나
※ 生	恢复原形	우리 학교 도서실	우리 학교 도서실

五、标点符号的用法

写文章时,当词及句子之间需要有间隔,就用标点符号表示,下面介绍标点符号的用法。

1. 终结符号(마침표)

(1) 实点(온점 .)、虚点(고리점 。)
横写用实点,竖写用虚点。
① 表示陈述、命令、共动的句子之后使用。
젊은이는 나라의 기둥이다.
황금 보기를 돌같이 하라.
학교로 가자.
虽为句子但只作标题或标语时不用终结符号。
양자강은 흐른다 (표제어)
꺼진 불도 다시 보자 (표어)
② 用阿拉伯数字表示年、月、日时使用。
2016. 2. 1 (2016년 2월 1일)
③ 表示顺序的数字、文字后使用。
1. 마침표 7. 물음표 가. 인명
④ 表示缩语时使用。
서. 2015. 3. 5. (서기)

(2) 问号(물음표 ?)
① 直接询问时使用。
이제 가면 언제 도착하니?
이름이 뭐지?
② 反问或表示修辞的疑问时使用。
제가 감히 거역할 리가 있습니까?
이게 은혜에 대한 보답이냐?
남북 통일이 되면 얼마나 좋을까?

特例:有时虽然是疑问句型,当疑问程度较弱,旨在表示肯定的语气时也可用实点。
이 일 도대체 어쩐단 말이야.
아무도 이 일에 찬성하지 않을 가야.
혹 미친 사람이면 모를까.

（3）感叹号（느낌표!）

① 为加强感叹的语气，在感叹词或感叹语尾后使用。

앗!

아, 달이 밝구나!

② 在较强的命令句或共动句后使用。

지금 즉시 대답해!

부디 몸조심하도록!

③ 带有情感的呼叫或回答时使用。

춘향아!

예. 도련님!

④ 以疑问句表示惊讶或抗议时使用。

이게 누구야!

내가 왜 나빠!

特例：当以感叹词结束的句子，其感叹的程度较弱时也可以用实点。

개구리가 나온 것을 보니, 봄이 오긴 왔구나.

2. 休止符号（쉼표）

（1）逗号（반점,）、顿号（모점、）

横写时用逗号，竖写时用顿号。

① 列举相同资格的词或词组时使用。

근면, 검소, 협동은 우리 겨레의 미덕이다.

충청도의 계룡산, 전라도의 내장산, 강원도의 설악산은 모두 국립공원이다.

但在以助词表示列举时不用。

매화와 난초와 국화와 대나무를 사군자라고 한다.

② 成对的词组需要区别时使用。

닭과 지네, 개와 고양이는 상극이다.

③ 不修饰其后最临近的词，而修饰距离远的词或词组时使用。

슬픈 사연을 간직한, 경주 불구사의 무영탑.

성질 급한, 철수의 누이 동생이 화를 냈다.

④ 连接对等或从属句子时，句子之间使用。

콩 심으면 콩 나고, 팥 심으면 팥 난다.

희눈이 내리니, 경치가 더욱 아름답다.

⑤ 呼叫与回答的词后使用。
　　애야, 빨리 가거라.
　　예, 지금 가겠습니다.
⑥ 提示词后使用。
　　돈, 돈이 인생의 전부이더냐?
　　용기, 이것이야말로 무엇과 바꿀 수 없는 젊은이의 자산이다.
⑦ 表示轻微感叹的词后使用。
　　아, 깜빡 잊었구나!
⑧ 倒装句使用。
　　이리 오세요, 어머님.
　　다시 보자, 압록강수야.
⑨ 表示句子开始的接续或连接的词后使用。
　　첫째, 학습 문제이다.
　　아무튼, 나는 학교에 돌아가겠다.
　　但原则上一般的接续词(그러나,그리고, 그러므로 등)之后不使用。
　　그러나 너는 갈 필요가 없다.
⑩ 罗列数字时使用。
　　1, 2, 3, 4
⑪ 表示概数时使用。
　　2, 3세기　　8, 9개
⑫ 句子中间插入的词组或句子前后使用。
　　나는, 솔직히 말하면, 그 발이 별로 탐탁하지 않소.
　　철수는 미소를 띠고, 속으로는 화가 치밀었지만 그들을 맞았다.
⑬ 为了避免重复,而省略一部分词或词组时使用。
　　여름에는 바다에서, 겨울에는 산에서 휴가를 즐겼다.
⑭ 文脉上应断开的地方时使用。
　　갑돌이가 울면서, 떠나는 갑순이를 배웅했다.
　　갑돌이가, 울면서 떠나는 갑순이를 배웅했다.

(2) 中间点(가운뎃 점·)
① 逗点列举的词或词组需再分成几个单位时使用。
　　창수·영이, 영수·순이가 서로 짝이 되어 윷놀이를 하였다.
　　시장에 가서 사과·배·복숭아, 고추·마늘·파, 조기·명태·고등어를 샀다.
② 表示具有特定意义的数字时使用。
　　3·1운동,　8·15광복
③ 相同系列的单词之间时使用。
　　전라 방언의 조사·연구

경북·경남 두 도를 합하여 경상도라고 한다.
명사·대명사·수사를 합하여 체언이라고 한다.

(3) 双点(쌍점:)
① 列举包含的种类时使用。
문장부호: 마침표, 쉼표, 따옴표, 묶음표 등
문방사우: 붓, 먹, 벼루, 종이
② 小标题后附加简单的说明时使用。
일시: 2015년 10월 1일 10시
마침표: 문장이 끝남을 나타낸다.
③ 时和分、章和节需要区分时或两个以上数字对比时使用。
오전 9: 20 (오전 9시 20분)
국어학개론 3:5 (국어학개론 3장 5절)
대비 60: 80 (60대80)

3. 引号(따옴표)

(1) 双引号(큰 따옴표" ", 겹낫표『 』)
横写使用" ", 竖写使用『 』。
① 文章中间表示直接对话时使用。
" 전기가 없었을 때는 어떻게 책을 보았을까?"
" 그야 등잔불을 켜고 보았겠지."
② 引用别人的话时使用。
예로부터 "인심은 천심이다"라고 하였다.
"사람은 사회적 동물이다."라고 말한 학자가 있다.
(2) 单引号(작은 따옴표' ', 낫표「 」)
横写使用' ', 竖写使用「 」
① 两次引用时里面的引用使用单引号。
" 여러분! 침착해야 합니다. '하늘이 무너져도 솟아날 구멍이 있다'고 합니다."
② 记录自己内心的话语时使用。
'만약 내가 이런 모습으로 돌아간다면, 모두들 깜빡 놀라겠지'

4. 括号(묶음표)

(1) 小括号(소괄호( ))
① 表示原语、年代、注释、说明时使用。
커피(coffee)는 기호 식품이다.

3.1운동(1919)당시 나는 대학생이었다.
춘향전은 한국 고대(연대 미상)소설의 작품이다.
노신(중국 작가)은 이렇게 말했다.
② 表示特殊符号或起符号作用的文字、单词、词组使用。
(1)주어 (ㄱ)명사 (라)소리에 관한 것
③ 表示空的位置使用。
한국의 수도는 (　　)이다.

(2) 中括号(중괄호 { })
各个同等作用的单词或词组集中在一起时使用。

주격조사 $\{\begin{array}{c}이\\가\end{array}\}$ 관광의 3요소 $\{\begin{array}{c}관광자\\관광\ 대상\\매개\end{array}\}$

(3) 大括号(대괄호, [ ])
① 括号内的话与外面的话发音不一致时使用。
나이[年歲] 낱말[單語] 手足[손발]
② 在大括号内又有小括号时使用。
명령에 있어서의 불확실[단호(斷乎) 하지 못함]은
복종에 있어서의 불확실[모호(模糊)함]을 낳는다.

5. 连接符号(이음표)

(1) 破折号(줄표 ―)
① 句子中插入详述前面内容的话时使用。
그 신동은 세 살에―보통 아이 같으면 천자문도 모를 나이에―벌써 시를 지었다.
② 订正或解释前面的话语时起到连接作用时使用。
어머님께 말했다가―아니, 말씀드렸다가―꾸중만 들었다.
이건 내 것이니까―아니, 내가 처음 발견한 것이니까―절대 양보할 수 없다.

(2) 连接号(붙임표 -)
① 在字典、论文中表示合成语时或表示接头接尾词或语尾时使用。
겨울-나그네   불-구경   손-발
휘-날리다   슬기-롭다   -(으)ㄹ 걸
外来语和固有词或汉字词结合时使用。
나일론-실   빛-에너지   잉크-병

(3) 波浪号(물결표~)

① 表示时间的始末及时间段使用

9월 3일~10월 1일

② 代替某些词时,在某些词前后使用。

새 마을: ~운동　~노래

—가(家): 음악~　미술~

6. 显示符号(드러냄표" ˙ "," ˚ "," ＿ ")

" ˙ "或者" ˚ "在横写时加在文字下面,竖写时加在文字的右面。横写时也可在下面划" ＿ "。

한글의 본 이름은 훈민정음이다.

다음 보기에서 동사가 아닌 것은?

7. 非显示符号(안 드러냄)

(1) 隐藏符号(숨김표 ××, ○○)

① 禁忌语或难于启齿的卑语使用与其文字数目相同的隐藏符号。

어린이 입에서 어찌 ○○○란 말이 나올 수 있느냐?

그 말을 듣는 순간 ××××란 말이 목구멍까지 치밀었다.

② 为保守秘密时,使用与其文字数目相同的隐藏符号。

공군 ○○부대 ○○명이 작전에 참가하였다.

그 모임의 참석자는 김××씨, 정××씨 등 8명이다.

(2) 遗漏符号(빠짐표 □)

① 碑文或书籍中文字不清时,使用与其文字数相同的遗漏符号。

大师为法主□□赖之大□薦(旧碑文)

② 表示文字应当加进的位置上使用。

훈민정음의 초성 중에서 아음(牙音)은 □□□의 석 자다.

(3) 省略号(줄임표……)

① 省略要说的话时使用。

"어디 나하고 한번……"하고 철수가 나섰다.

② 表示无话可说时使用。

"빨리 말해!"

"……"

韩国语中省略号有时用三个点(…)。

六、平语体和敬语体

韩国语中的终结词尾一般分为正式体(formal style, 격식체)和非正式体(informal style, 비격식체)。正式体是在正式郑重的场合下使用;非正式体一般是在日常生活口语中使用。正式体可细分为"합쇼체(对上正式体)""하오체(对等正式体1)""하게체(对等正式体2)""해라체(对下正式体)"。非正式体可细分为"해요체(对上非正式体)""해체(对下非正式体)"。

在以上各种体中,对下体汉语通常称之为平语体;对上体称敬语体。文章中一般各种体不能交替使用,而统一使用一种体。即若用平语体就自始至终用平语体,若用敬语体就自始至终用敬语体。但小说等文艺文章中却是例外,其叙述时一般用平语体,插入对话时根据情景需要可用其他体。在写文章时究竟使用何种体要由文章的性质决定。对此有两点做特别说明。

1. 写文章一般用平语体,并用正式体。特别是议论文、说明文、新闻报道等是以一般读者为对象,不需要对其表示特别的尊敬,因此使用平语体的正式体,如疑问句的终结尾非正式平语体"-니"只能在口语中使用,文章中要用正式体"-ㄴ가, -은가, -는가"。如:

우주는 과연 무한한가?
관광이란 무엇인가?.

2. 在演说辞等口语体文章、说明书、书信中可以用敬语体。涉及青少年的读物一般用敬语体("합쇼체"或"해요체")。以下是青少年读物中用的敬语体。如:

물 감

　　물감은 어떻게 만들어지며, 종류에 따라 어떤 특성이 있을까?
　　물감을 잘 쓰려면, 종류에 따라 그 물감이 지니고 있는 특성을 잘 알아야 할 것입니다.
　　물감에는 수채 물감, 포스터 물감, 유채 물감 등의 여러가지 종류가 있습니다. 이런 물감에는 저마다 특성이 있지요.
　　먼저 우리 많이 쓰고 있는 수채 물감의 특성부터 알아보기로 해요.
　　수채 물감에는 투명 물감과 불투명 물감이 있습니다. 투명 물감은 보통 우리가 그림 그릴 때 쓰는 물감을 말합니다.
　　그러면 불투명 물감은 어떤 것일까요?
　　바로 포스터 물감을 말하는 것이지요. 이 물감은 포스터나 문자 도안에 많이 쓰입니다.

七、文章的结构

韩国语中大部分文章的结构采取三段式的方法。还有四段、五段式的方法

1. 三段式(삼단식)

　　三段式是指序论(开头)、本论(展开)、结论(结尾)的三段结构形式。韩国语称之为"처음-중간-끝""서론-본론-결론"或"도입-전개-정리"。三段式是最简单且最常用的形式,分为若干个段落。各部分所表达的内容所下。

　　三段式适用于初学者的写作,三段式的各个部分并非是各自只有一个段落。通常在长篇幅的文章中,各个部分又分为若干个段落。各部分所表达的内容如下。

　　序论:提出问题,或表明自己的立场和观点等。必要时也可以提出写文章的目的、动机、意义、论证方法或指出整个文章的构成。

　　本论:提出具体的论据和事例等,通过分析和考察阐明自己主张的正确性。或进一步解释自己主张的背景、观点等,讨论和自己观点不同的意见。

　　结论:概括自己的主张,或提出所讨论问题的发展前景。有时也可以附加写作者的愿望、期待及劝导建议等。

2. 四段式(사단식)

　　四段式以汉诗经常采用的起、承、转、合的结构为基本形式。"起"为开头,是导入部分。"承"为衔接,并延伸扩展。"转"为一改眼前的情形使内容丰富。"合"为概括全文部分。四段式是把三段式的中间段分成两个部分的,所以它本质上属于三段式。

　　起(기):提出论证的问题或提示话题。

　　承(승):通过说明、补充等,深化内容。

　　转(전):添加不同意见或事实,使内容富于变化。

　　合(결):阐述中心思想,结束全文。

3. 五段式(오단식)

　　五段式是把四段式的"起"分为两部分的结构,写一般的文章时并不常用。五段式是利用一种诱导法促使读者行动的方法,通常多用于小说、戏剧、广告等写作。

　　开端(발단):交代背景、介绍登场人物。

　　展开(전개):登场人物之间纠葛的产生。

　　危机(위기):登场人物之间的对立和矛盾趋于深刻、尖锐化。

　　高潮(절정):事态发生转变,出现消除矛盾的先兆。

　　结局(결말):纠葛被解除,事件得到解决。

此外,写文章时还要符合逻辑结构,其中,包括时间、空间、顺序、因果关系、列举方法和折中方式等。
　　根据以上结构,写文章时不仅要做到主题分明,素材充实,适应读者要求,还要做到前后统一,内容概括,表达方法新颖。
　　为了写好文章,在写前要根据文章结构写出概要,下面是比较典型的概要。

<例 1>

제 목: 축구의 효용

주제문: 축구는 구경하는 경우에나 직접 참여하는 경우에나 우리 생활을 윤택하게 해 주는 효용이 있다.

개　요:

Ⅰ. (서론) '붉은 악마'까지 생긴 요즈음의 축구붐

Ⅱ-Ⅳ. (본론)

Ⅱ. 축구를 관람하는 재미
　　1. 쉬지 않고 움직이는 박진감
　　2. 예측할 수 없는 승부 때문에 느끼는 재미

Ⅲ. 축구를 직접 할 때의 효용
　　1. 신체적 건강에 좋은 점
　　2. 정신 건강에 좋은 점
　　　　가. 아버지의 경우
　　　　나. 나의 경우

Ⅳ. 축구와 단결심
　　1. 애교심을 길러 줌
　　　　가. 중학교 때의 경험
　　　　나. 응원 갔던 일
　　2. 애국심을 길러 줌
　　　　가. 일본과의 축구 시합
　　　　나. 월드컵 때의 경우
　　　　다. 여자 축구의 경우

Ⅴ. (결론) 축구의 활성화와 보급

<例 2>

제 목: 지구 온난화와 인간의 삶

주제문: 지구 온난화를 극복하기 위해서는 화석 연료 사용을 줄이고, 삼림 지역을 확장시켜야 한다.

얼개그림: (略)

Ⅰ. (서론) 지구 온난화를 이해하려면 기후 시스템을 알아야 한다.
Ⅱ. (본론) 지속적으로 변동을 거듭하는 기후 시스템
- 대기권(大氣圈)
- 수권(水圈)
- 빙권(氷圈)
- 생물권(生物圈)
- 지권(地圈)

Ⅲ. (결론) 지구 온난화를 줄이는 방법은 화석 연료의 사용을 줄이고, 삼림 지역을 확장시키는 것이다.

理论篇

写作是一门应用学科,是实践性极强的科目。但写作又是一种创造性精神劳动,它有自身的规律、理论和方法。没有正确的理论,不会有卓有成效的实践活动。本篇我们将从文章写作的主要过程来概括和阐明最基本的写作理论和技巧。

一、好作品的必要条件

写作有没有捷径,有没有窍门?回答是,没有。俗话说:"冰冻三尺,非一日之寒"。写作能力的提高是一个慢功夫,性急是不可行的,要常思常写,日积月累,经年不断。

那么,何谓好文章呢?回答并不简单。从外语写作的观点来讲,当今评价好文章的关键是看它是否真实、简明、准确地写出了作者想表达的内容。在这里主要结合写作的基本要素来概括好作品的条件。

主题、材料、结构、语言是写作的四项基本要素。主题和材料是文章的内容,结构和语言是文章的形式,好的作品应该是内容和形式的和谐统一。按照这一观点,可以将好文章的条件简要地归纳为以下四点:

1. 主题要明确。

主题是作者通过文章内容所表达出来的基本观点和思想。主题是文章的核心,灵魂和统帅。所谓主题明确,就是文章主题的表达要明白、确切。

2. 结构要严谨。

结构,指文章的组织结构,是文章的表现形式。结构是文章的骨骼,文章的目。文章结构如何,直接影响到表达效果。结构得法,才会使文章主题鲜明突出,层次分明,承接自然,前后呼应,使整篇文章显得完整、自然、和谐。

3. 语言表达要准确、简洁。

所谓准确,就是表达的内容清晰、明白、真实、流畅、通俗易懂。所谓简洁,就是表达简明扼要,言简意赅,文约意丰,不能废话连篇,重复罗嗦。

4. 表达方法和技巧要贴切、自然。

写文章切忌辞藻浮华而言之无物,而恰到好处的表达方法和技巧会提高文章表达效果,是好作品的必要条件。写文章常用的表达方法主要是说明、论证、描写、叙事和抒情等。表现技巧有比喻、强调和变化等。

二、提高韩国语写作能力的方法

写作的基本过程可概括为确定主题、选择材料、布局谋篇、起草初稿、推敲文章、誊清原稿等六个阶段。这六个基本过程缺一不可,都很重要。在这里我们主要从韩国语写作的角度简单地介绍如何提高写作能力。

要想用韩国语把文章写好,首先需要打下牢固的语言基础。语言功底是指对韩国语各种语言知识的掌握和运用能力,其中包括用词的准确和精炼,助词、语尾、时制、语态、敬语的准确运用以及句法结构的熟练掌握和修辞手段的运用自如等。

除了语言功底外,笔者还必须懂得写作的具体步骤,了解写作的性质和目的,掌握写作所需要的各种技巧。更重要的是,中国学生还必须解决用韩国语思维的问题。不懂得韩国的思维方式,无论语言功底有多深,是写不出地道的韩国语文章的。

在中国学生的韩国语写作中最重要的是,要熟练掌握写作的基本技能。韩国语写作的基本技能可概括为以下两点:

一是熟练掌握突出主题、深化主题的原理和方法。主题是文章的灵魂,是贯穿全文的一条红线。文章的观点材料、组织结构、遣词造句、都是为主题服务的。

二是学会以段落(片断文)为基础写文章的本领。段落是文章中相对独立的一部分,它的结构又同文章的结构有很多相似之处。所以段落写好了,一般文章写起来就比较容易了。

三、写文章的程序

文章一般按着题目、开头、正文、结尾、修改的顺序书写。本节主要介绍常见的拟题方法以及开头和结尾的写作方法。

1. 题目(제목)

文章原则上必须有题目。题目,或交代文章的内容,或体现行文的思路,或蕴涵文章的题旨,或表明文章的特色。新颖独特的题目,可以达到先声夺人,眉眼传神的效果。古人说"题好乃文章的一半",拟题有举足轻重之功,平时应重视和加强拟题训练。

拟题有四个基本要求:首先,题目要准确鲜明,应紧扣文章内容,有的放矢。其次,题目要新颖生动,不落俗套,让人耳目一新。再次,题目要简洁凝练,短小精悍,醒目上口,给人广阔的联想空间。最后,题目要含蓄隽永,含义丰富,耐人寻味,又富有启发性。

(1) 文章题目的类型

文章题目的类型是多种多样的。从形式上看有单词型、词组型、句子型三种类型。从内容上看有如下几种常见的类型。

① 压缩主题：　　　　인생
　　　　　　　　　　전쟁과 평화
② 扩展主题：　　　　인생은 왜 괴로운가
　　　　　　　　　　사랑은 빵만으로 살 수 없다
③ 提示内容：　　　　잊혀지지 않는 사람들
　　　　　　　　　　한국인의 세 가지 악습
④ 取自文章的语句：　나는 튼튼한 실뿌리입니다
　　　　　　　　　　눈을 감아야 잘 보인다
⑤ 以主人公做题目：　어머니
　　　　　　　　　　키다리 의사
⑥ 以象征物作题目：　노란 손수건
　　　　　　　　　　빨간 고추
⑦ 以素材做题目：　　멍멍이
　　　　　　　　　　깍쟁이 신부

(2) 常见的拟题方法

① 比喻法：　　　　사랑의 방정식
　　　　　　　　　마음에 촛불
② 比拟法：　　　　침묵의 바다
　　　　　　　　　가로등의 번뇌
③ 引用法：　　　　첫술에 배부르랴
　　　　　　　　　인생은 짧고 예술은 길다
④ 反问法：　　　　금전이 모든 것을 결정하는가
　　　　　　　　　옷이 날개인가
⑤ 对比法：　　　　비굴과 겸손
　　　　　　　　　가까이할 사람과 멀리할 사람
⑥ 反义法：　　　　밤과 낮
　　　　　　　　　남자와 여자
⑦ 设问法：　　　　나는 누구인가
　　　　　　　　　인생은 왜 괴로운가
⑧ 呼告法：　　　　자신을 믿으라
　　　　　　　　　문화재를 보호하자
⑨ 符号法：　　　　기억≠지혜
　　　　　　　　　1+1=2?

⑩ 时间法: 　　　　　8월의 축복

　　　　　　　　　　시월의 우수

2. 开头(서두)

　　文章的开头就是整篇文章的门面。文章的开头好了,就能吸引更多的读者。开头一般是提出问题,交代问题的背景或动机等。开头的方法多种多样,但有一条是最重要的,那就是:简洁明了,迅速入题。开头不可冗长,而且必须同正文和结尾的内容有密切的连贯性。下面介绍几种常用的开头方法。

(1) 直接提出问题

　　(ㄱ) 인간의 행복은 어디에 있는가? 호주머니에 두툼한 돈뭉치가 들어 있어야 행복한가? 아니면 남들이 우러러보는 권력을 쥐어야 행복한가? 아니면 날마다 부화방탕하게 먹고 마시며 놀아야 행복한가? 아니다, 나는 그렇지 않다고 본다.

　　(ㄴ) '사랑' 이라는 말처럼 흔히 쓰이면서도 끝내 매력을 잃지 않는 말도 드물다. 그처럼 자주 입에 오르내리고 또는 그것때문에 마음을 태우면서도 그 본질이 무엇인지 딱잡아 말하기 어려운 것이 또한 사랑이란 낱말이다. 사랑이란 무엇인가? 어떻게 하는 것이 참사랑인가? 한번쯤 마음에 두어 따지고 넘어가야 하지 않을까? 더구나 사랑의 본질을 잘못 이해한 나머지 불행을 초래하는 젊은이들이 많음을 가끔 볼 때 그 필요성을 더욱 느껴마지 않는다.

(2) 开头提示主题

　　(ㄱ) '인간애' 라는 말의 해석을 글자대로 풀이한다면 사람이 서로 사랑할 수 있는 마음씨를 말하는 것이라고 할 것이다.

　　(ㄴ) 인간의 삶에는 믿음이라는 줏대가 필요하다. 하느님을 믿든 인간을 믿든 진리나 사상을 믿든 하나의 대상을 믿고 행동한다는 것은 매우 중요하다. 이것은 단지 어떤 추상적인 관념에서 나오는 것이 아니고 나의 오랜 인생 체험에서 우러나온 고백이기도 하다.

(3) 描写环境,烘托背景的开头方法

　　(ㄱ) 북쪽 하늘에서 기러기가 울고 온다. 가을이 온다. 밤이 되어도 반딧불이 날지 않고, 은하수가 점점 하늘을 한복판으로 흘러내린다.

　　(ㄴ) 별이 너무도 많다. 투명한 듯한 검은 하늘엔 빈틈이 없다. 오랜만에 이렇게 시골에 오면 괜히 신이 난다. 나무가지새를 비껴 불어오는 바람도 포근하다.

(4) 引用佳句、谚语等

　　(ㄱ) "쉬지도 서두르지도 마오." 이것은 괴테의 유명한 시의 제목이다. 인간

(ㄴ) "사람은 생각하는 갈대"라는 말이 있다. 여기서 갈대라고 한 것은 아마 약하다는 뜻을 나타낸 것이 아닌가 한다.

(5) **交代时间、地点、人物及事件等有关信息**

(ㄱ) 밤, 병실의 밤이 깊어 갑니다. 뜰 앞 은행과 수나무도 어둠 속에 윤곽을 잃은 지 오래고, 인가의 등불도 하나 둘씩 꺼져 갑니다.

(ㄴ) 둘째 시간인 듣기 시간에 있었던 일이었다. 왕설이 내 옆구리를 쿡 질렀다.

(6) **提示事件的开头**

(ㄱ) 꼬마는 마침내 엄마와의 실랑이에서 이겼다. 동전 몇 푼을 엄마 손에서 빼앗듯이 받아 쥐고는 가게로 뛴다.

(ㄴ) 온 산야를 하얀 눈이 뒤덮였었다. 뿌그덕 뿌그덕 소리가 눈부신 들녘으로 뻗어간 신작로를 타고 끝없이 뒤를 따랐다. 문중 아저씨들이 짐은 지고 나는 앞서거니 뒷서거니 좋아서 따랐다.

(7) **以作者"我"或主人公"他"等形式的开头方法**

(ㄱ) 나는 그믐달을 사랑한다. 그믐달은 너무 요염하여 감히 손을 댈 수가 없고, 말을 붙일 수도 없어 깜찍하게 어여쁜 계집 같은 달인 동시에, 가슴이 저리고 쓰리도록 가련한 달이다.

(ㄴ) 소년은 개울가에서 소녀를 보자, 곧 윤초시 집 증손자딸이라는 걸 알 수 있었다.

(8) **交代统计数字, 使用"… 통계에 따르면 … 라 한다"等形式**

(ㄱ) 인구조회국(PRB)이 발표한 '2006 세계인구 통계표' 보고서에 따르면 한국 여성 출산율은 1.1명으로 대만과 함께 최저를 기록했다.

(ㄴ) H시 교육처의 통계에 의하면 지난해 H시 10 개 대학 1,1203 명 졸업생 가운데 987 명이 아직도 취직을 하지 못했다 한다.

(9) **以对话的形式开头**

(ㄱ) 엘리트 총각 사원이 아이 딸린 연상의 여인과 결혼한다고 했을 때, 가족과 친구들이 펄펄 뛰며 반대를 했다. "말도 안돼!"

(ㄴ) "수진아! 문열어라. 아빠왔다."
아무래도 술이 얼큰해서 돌아오셨나보다. 우리들을 부르시는 목소리부터 보통때와는 전혀 다른걸 보니 코가 비뚤어지도록 잡수신 것 같다.

3. 正文(본문)

正文的叙述方式因文章的目的、性质、内容而不同。文章的正文应以文章的开头为线索,具体地叙述、说明或论证文章的主题。文章的正文是由若干段落组成的,段落通常由几个或者更多的句子组成,有时候一个句子也能成段。文章不论长短,每个段落都必须为主题服务。像说明文和议论文之类的文章,一个主题还常分成几个小主题,每个小主题要用一个段落处理,另起一段时,应是一层新的意思。关于段落后面章节将专门叙述。

4. 结尾(결말)

结尾是归纳总括文章内容,提示结论的部分。如前所述,古人在谈到结尾时常以"豹尾"为标准,是指结尾时笔法要简洁、明快、干净利落,犹如豹尾劲扫,响亮有力,给读者以回味的余地。

(1) 归纳和概括要点或论点的结尾方式

这是说明文、议论文中常用的最基本方法。常用"이상으로 … 에 대해 알아 보았다. 앞에서도 지적한 것처럼 ㅇㅇㅇ는 첫째,…", "이상을 요약하면 첫째,…" 等格式

지금까지 말한 바를 요약하면 다음과 같다. 광고는 생산자 쪽에나, 소비자 쪽에나 함께 필요하다. 그리고 광고는 품위가 있어야 하며, 광고의 윤리를 지켜야 한다. 또 광고가 소비자의 관심을 끌기 위해서는 사회 심리학이 밑받침이 되어야 한다.

(2) 提出作者的建议或展望的结尾方法

这种方法常见于议论文、说明文、论文等。常用"~해야 한다, ~해 보자. ~될 것이다, ~할 것이다" 等形式。

사랑은 나눌수록 커지고 고통은 나눌수록 작아진다고 하지 않던가! 비행청소년이 주변의 따뜻한 손길로 개과천선하는 데 도움이 되었다면 그 사람은 반드시 그 사랑을 다시 사회에 나누어 줄 것이다. 그렇게 되면 사회를 훈훈하게 하는데도 이바지할 수 있을 것이다. 같은 세대, 같은 친구로서 내 마음의 병을 치료하듯 비행청소년들을 깊은 애정으로 이끌어 주고 감싸안아야 할 것이다.

(3) 巧妙发问,引人深思的结尾

집에 돌아오면 그대는 신변사람의 냄새를 가볍게 맡아 보라. 그들에게서 무슨 냄새가 나는가? 그들에게 그대는 또 어떠한 냄새를 주려는가?

(4) 言为心声,呼唤号召的结尾

나라 안 각 지방에 흩어져 있는 새 문화의 일꾼, 한글 동지 여러분! 제 각기 제 동네, 제 고을부터 한글삼자! 그리하면, 우리의 외치고자 하는 새로운 한글 문화는, 삼천리 강산에 새 봄을 가져오리라. 그리하면, 우리가 애써서 광복한 조국에 흥성과 행복이 열매 맺으리라. 여기에 오늘날 우리들의 역사적 사명이 있는 것이다.

(5) 文艺作品中常用的余韵悠长,耐人寻味的结尾

"네? 그럼 당신은 통 몰랐나요? 정말 꼭 닮았으니간요." "그럼 당신은 내 것 대신 다이아몬드의 목걸이를 샀다는 거죠?" 마틸드 부인은 흡족한 미소를 띄웠다. 포레스티에 부인은 감동하여 마틸드 부인의 손목을 잡았다. "마틸드 부인, 아이 너무 미안해서 이를 어쩌나? 그때 내가 빌려드렸던 목걸이는 500프랑 정도밖에 안 되는 가짜였었는데."

(6) 引用名言佳句来揭示作者的主张和观点的结尾方法

노신의 말로 이 글을 맺는다. "희망이라는 것은 본래 있다고도 할 수 없고, 없다고도 할 수 없다. 그것은 지상의 길과 같은 것이다. 본래 지상에는 길이 없다. 걸어가는 사람이 많아지면 그게 곧 길이 되는 것이다."

5. 修改(고쳐쓰기)

文章从酝酿、准备到运笔产生的全过程,都离不开修改。特别是到最后,通常都作为一个重要程序来安排。修改是写作的一个不可缺少的组成部分,没有修改的写作是不完善的。

(1) 修改文章的基本原则

写完文章后,必须反复阅读,进行修改。在韩国语写作中,一般按照添加,删除,调整结构等三个基本原则进行修改。

所谓添加,就是补充遗漏或不足部分。譬如,省略过多,会出现逻辑上的飞跃;说明和论证不充分或过于抽象,文章就缺乏说服力;写作意图表达不明确,会使读者摸不着头脑。这些部分都需要补充。

所谓删除,就是删掉多余的部分。譬如,不必要的重复、含糊的修饰语句、脱离实际的夸张、含糊其辞的表达等。

所谓调整结构,就是文章结构的调整。譬如,主题不明确,概括或归纳先于分析,段落之间逻辑关系混乱,文章整体不通顺等。遇到这种情况,需要作一些调整或重新构思。

(2) 修改时应注意的问题

在具体修改过程中,应注意推敲如下几点。

首先在文章整体上看:篇幅是否适当,写作意图是否明确,中心部分与补助部分的布局是否合理,展开过程是否连贯,开头和结尾是否和谐、自然等。

其次是在段落和句子的层面上:分段是否合理,段落之间或句子之间的关系是否不合乎逻辑,主、谓、宾等句子成分的搭配是否妥当,段落和句子的长度是否适中,有没有需要删掉的蛇足,时制和敬语表达是否统一,平语体和敬语体使用是否一致。

此外,在选词造句以及写作规范等方面:选词是否准确凝练,接续词的用法是否得当,分写法、正写法,以及标点符号的使用是否正确等。

四、文章的基本单位(一)

一般文章中由词构成句子,句子构成段落,段落又构成文章。词是句子的基本单位,句子是段落的基本单位,而段落是文章的最基本单位。在韩国语中一般用分写表示词与词的界限(除表示语法功能的助词外),用句号表示句与句的界限,用改行表示段与段的界限。

1. 词(단어)

词是语言中能够自由运用的最小意义单位,是组句的基本材料。词的总汇叫词汇。人的思维活动和思想交流首先是依靠词汇进行的。不熟练掌握词汇,就不可能掌握好一种外语。一个人掌握词汇的情况,直接影响他思想表达的丰富与准确程度,影响他的外语写作能力。从这个意义上讲,词汇量的掌握可代表外语写作能力与水平。如果不掌握一定数量的词汇,就无法写出好的文章。写文章必须善于从众多的词汇中选择和运用最恰当的词语。

(1) 韩国语词汇

韩国语词汇根据其来源可分为固有词(고유어)、汉字词(한자어)、外来语(외래어)。固有词是以韩国固有的语言资料为基础创制的词汇。固有词数量上没有汉字词多(约占整个词汇的三分之一),但它在韩国语中起着核心的作用。固有词的词缀以及动词、形容词、副词都很发达,而且意义非常丰富。

汉字词是借用汉字的意思,用韩国语发音的词汇。韩国语的汉字词大部分从中国传入,但也有韩国在汉字词的基础上自创的汉字词,以及从日本传入的汉字词。汉字词数量多(约占整个词汇的60—70%),造词能力强,比起固有词更能细腻而准确地表达比较抽象的概念。汉字词是韩国语词汇的重要组部分,很多汉字词已成为韩国语的基本词汇。但是中国人学习韩国语时特别要注意汉字词的使用。因为汉字词同现代汉语的对应词既有一定的联系又有很大差异。韩国语的汉字词在长期的使用过程中其意义发生了很大变化。关于汉字词我们后面再作较详细的介绍。

外来语是除了汉字词以外,从外国语借用而以韩国语发音的词。一般,外来语是为了表达韩国语中没有的新的事物、新的概念而借用的词汇。外来语也是韩国语词汇的重要组成部分。特别是现代韩国语中,外来语使用频率越来越高,其数量也有不断增加的趋势。

在韩国语的词汇使用中,除了上述固有词、汉字词、外来语,还要注意标准语与方言、书面语与口语的区分。还有,正确区别使用同义词和反义词、一般语与特殊语、具体语和抽象语、流行语和聊天语、谚语和惯用语等,会大大提高文章的效果。

(2) 韩国语的汉字词

韩国语的汉字词在语音、语义上同汉语有着密切的联系,所以可以说中国人学习韩国语有着得天独厚的条件。如果充分发挥这种优势,掌握好汉字词的特点将会事半功倍。但是不了解汉字词和汉语的差异,生搬硬套则"汉字"反而成绊脚石。下面介绍汉字词使用中需要注意的一些问题。

① 有些汉字词仍保持着古代汉语的意义,但其中很多词在现代汉语中已不使用或很少使用古汉语的意思。如韩国语汉字词"감격"表示"激动、感动、兴奋"的意思,而现代汉语的"感激"则一般表示"非常感谢"的意思。韩国语汉字词"노파"仍表示古汉语的"老妪"的意思,而在现代汉语中"老婆"则表示"妻子"。还有韩国语汉字词"강당,강의,교대"等的意思与现代汉语的"讲堂、讲义、交代"等不同。

② 有些汉字词比起其在现代汉语中的对应词,语义指示范围有所不同。例如,韩国语的"가족,남아"比起现代汉语的"家族、男儿"所指范围更窄,而"동체,세수,사제"等则比汉语的"胴体、洗手、师弟"所指对象更广一些。

③ 有些汉字词的所指对象与现代汉语的完全不同。例如,"불청객,결국,교서,병고"等与现代汉语的"不请客、结局、教书、病故"等所指对象完全不同。有些汉字词其语义的褒贬色彩与汉语不同。例如汉字词"소자,작자"和汉语的"小子、作者"等,它们不仅语义指示范围有所不同,而且语义色彩也不同。

④ 韩国语汉字词数量多而汉字音体系却有限,比如,汉字音体系中没有"ㄲ,ㄸ,ㅃ,ㅆ,ㅉ"系列(只有一个"쌍(双)"字音),"ㅋ"音也只有一个"쾌(快)"字音。结果造出了很多同音词。例如"오지(奥地)-오지(污池)-오지(五指)""완치(完治)-완치(緩治)""주행(舟行)-주행(走行)-주행(晝行)-주행(周行)""연패(連敗)-연패(連霸)""쾌락(快樂)-쾌락(快諾)"等是同音词。

⑤ 汉字词比起固有词同义词也多。例如,"무지(無知)-무지(無智)""탐구(探究)-탐구(探求)""폭발(爆發)-폭발(暴發)""축수(祝手)-축수(祝壽)"等是同义词。

⑥ 有些汉字词与汉语的词意义相同但语素的顺序不同。如"운명(運命),소개(紹介),고통(苦痛)"等词和汉语的"命运,介绍,痛苦"等意思相同。

⑦ 有些汉字词虽然不是完全同音词,但初学韩国语的人比较难以分辨。譬如,"일체(一切)-일절(一切)""괴멸(壞滅)-궤멸(潰滅)""반증(反證)-방증(傍證)""보전(保全)-보존(保存)""지양(止揚)-지향(指向)""혼돈(混沌)-혼동(混同)""폐해(弊害)-피해(被害)""피난(避難)-피란(避亂)""작렬(炸裂)-작열(灼熱)"等。

以上几点是韩国语学习中容易出错的问题,也是在韩国语写作过程的选词造句中需要注意的问题。

(3) 韩国语写作中用词不当举例

在韩国语写作中,文字应当简洁明确,切忌重复用词,避免使用词义重复的词,万不得已时可用其他词代替。

(ㄱ) 중요한 사실은 영원한 삶을 얻은 주인공이 오히려 불행해진다는 사실이다.
　　→ 중요한 사실은 영원한 삶을 얻은 주인공이 오히려 불행해진다는 것이다.

(ㄴ) 세 형제 중 첫째는 스님이고 둘째는 시인이고 셋째는 노동 운동가이다.

→ 세 형제 중 맏형/큰형은 스님이고 둘째는 시인, 막내는 노동 운동가이다.
(ㄷ) 다른 분야도 그렇지만 어린이 동화 작가는 특히 많은 상상력을 필요로 한다.
→ 다른 분야도 그렇지만 동화 작가는 특히 많은 상상력을 필요로 한다.
(ㄹ) 고사리와 도라지는 산채 나물 요리에 들어가는 핵심 재료들이다.
→ 고사리와 도라지는 산나물 요리에 들어가는 핵심 재료들이다.
(ㅁ) 커다란 사운드가 청중들을 정신 못 차리게 한다.
→ 커다란 소리가/음향이 청중들을 정신 못 차리게 한다.
(ㅂ) 내 관점에서 볼 때, 이것은 전형적인 시간낭비일 뿐이다.
→ 필자의 관점에서 볼 때 이것은 전형적인 시간낭비일 뿐이다.
(ㅅ) 정신이 어지러울 정도의 아찔한 현기증을 느끼자 속이 메슥거리기 시작했다.
→ 정신이 어지러울 정도의 현기증을 느끼자 속이 메속거리기 시작했다.

2. 句子(문장)

句子是词按照一定的语法规则组合在一起,表示一个相对完整意义的最小语言单位。句子是语言交际活动的最基本单位。从词到句,由句到篇章,句子可谓是很重要的一环。句子写得好与差,直接影响到文章的效果。要提高韩国语写作能力,必须加深对韩国语造句方法的理解,加强对基本句型的训练和句子变化的训练。

(1) 韩国语基本句型(한국어의 기본 문형)

一个句子由各个功能不同的部分构成,这些部分叫做句子成分。句子成分可分为主要成分和附属成分。韩国语句子的主要成分有主语、叙述语(谓语)、目的语(宾语)、补语;附属成分有冠形语(定语),副词语(状语)等。由主要成分构成的韩国语的基本句型如下:

① 주어(主语) + 서술어(谓语)
   (ㄱ) 강아지가 뛰논다. (자동사/自动词)
   (ㄴ) 바다가 아름답다. (형용사/形容词)
   (ㄷ) 연극은 예술이다. (명사/名词+서술격조사/叙述格助词)
② 주어(主语) + 보어(补语) + 서술어(谓语)
   (ㄹ) 형은 기사가 되었다. (되다/成了)
   (ㅁ) 형은 대학생이 아니다. (아니다/不是)
③ 주어(主语) + 목적어(宾语) + 서술어(谓语)
   (ㅂ) 토끼가 풀을 먹는다. (타동사/他动词)
④ 주어(主语) + 부사어(副词语) + 목적어(宾语) + 서술어(谓语)
   (ㅅ) 순이가 철호에게 책을 주었다. (타동사/他动词)

⑤ 주어(主语) + 필수부사어(必需副词语) + 서술어(谓语)
　　(○) 철호는 어머니를 닮았다. 　　(자동사/自动词)
　　(ㅈ) 철호는 철수와 싸웠다. 　　(자동사/自动词)

基本句型中如果漏掉一个主要成分,那么句子就会显得不完整,不能正确表达意义。写文章时一定要注意主要成分是否齐全,有没有多余的成分等。文章的主题句(话题句)一般用基本句型。

(2) 句子成分的扩展(문장성분의 확대)

在基本句型的基础上添加各种附加成分,可以造出能够表达复杂、细腻意义的句子。写文章时不仅要留意主语和谓语的搭配关系,还要明确主要成分和附属成分之间的修饰和被修饰关系。

下面例句(ㄱ)是基本句型句子。例句(ㄴ)是增加了附属成分,扩展(ㄱ)的句子,附属成分起到限定修饰主要成分的作用。

(ㄱ) 황소는 언덕을 올라갔다.
(ㄴ) 늙은 황소는 아주 가파른 언덕을 힘겹게 올라갔다.
　　 관형어　주어　부사어 관형어　목적어　부사어　서술어
　　 (定语) (主语)(状语)(定语) (宾语) (状语) (谓语)

例句(ㄱ)是只有一组主谓结构构成的基本句型句子,称之为单句。例句(ㄴ)增加了附属成分,句型有了变化,但还是一组主谓结构的单句。

(3) 句子结构的扩展(문장 구조의 확대)

由两个或两个以上主谓结构的句子结合而成的句子叫复句。句子结构的扩展有两种方法:一个是通过接续两个单句的方法,另一个是通过在句子中加包孕句的方法。

① **接续的方法**:接续方法又可分为对等接续和从属接续。例句(ㄱ)~(ㄷ)是以对等的方式,(ㄹ)~(ㅅ)是以从属接续的方式扩展的。

(ㄱ) 왕정이는 서울에 가고 장민이는 뉴욕에 갔다.(对等关系)
(ㄴ) 동생은 자리에 앉아서 책을 읽었다.(行为连续关系)
(ㄷ) 바람이 불거나 비가 올 것이다.(选择关系)
(ㄹ) 문제가 어려워서 나는 간신히 낙제를 면했다.(因果关系)
(ㅁ) 콘서트가 끝났지만 아무도 자리를 떠나지 않았다. (转折关系)
(ㅂ) 해가 지면 달이 뜬다.(假定条件关系)
(ㅅ) 외국에 이민을 가더라도 고향을 그린다.(让步关系)

② **包孕的方法**:韩国语中子句称为"节",根据节在包孕复句中的作用又可以分为以下几个类型。

(ㅇ) 어머니는 딸이 돌아오기를 고대하고 있었다.(名词节包孕句)
(ㅈ) 어머니가 총 소리에 놀란 아이를 꼭 껴안았다.(冠形节包孕句)
(ㅊ) 선생님이 소리도 없이 다가왔다. (副词节包孕句)

(ㅋ) 안내인이 여객기가 연착되었다고 말했다.(引用节包孕句)

(ㅌ) 장미꽃은 향기가 좋다.(叙述节包孕句)

扩句的主要目的是为了用最贴切的语言更有效地表达更为复杂、深刻的思想内容,但句子太长,容易出现句子成分搭配不当的现象。扩句能力与词汇使用能力一样,是写作的基础。所以一定要熟练掌握正确扩句的方法。

(4) 句子的长短 (문장의 길이)

句子长度要适中。如果句子太冗长,结构过于复杂,其逻辑可能会不够严密,文章的意思也就令人难以把握。写文章的主要目的是把作者的思想、感情、感受等传达给读者,所以尽可能避开冗长复杂的句子,而使用简洁明了的句子。

但是为了要表达一个较复杂的概念或思想,仅用简短的句子形式是不够的。而且句子过短则会显得支离破碎,过多使用某一基本句型又会显得单调乏味。所以写文章还要使用不同结构、不同长度的句子,尽量使句型多样化。这样做既可以突出重点,又能使表达丰富,增加文采。当然这并不是一朝一夕能够做得到的,需要循序渐进和长期的训练。

句子的长短是由文章的性质或作者的写作风格来决定的。一般来讲,短的句子给人以轻快、明朗、利落的感觉,长的句子则给人以深沉、庄重、悠然的感觉。灵活运用句子,能使文章增色,呈现美感。

关于句子中词的数量与理解难度关系的研究表明:8个单词以下的句子非常容易理解,11个单词的容易理解,14个单词的比较容易,17个单词的一般,21个单词的就比较难以理解,25个单词的更难以理解,29个以上单词的句子特别难以理解。一般认为韩国语句子的标准长度是50字左右。

(5) 怎样写正确的句子(옳바른 문장 쓰기)

句子是文章的基本单位,要写好外语文章,首先要写好合乎语法的正确的句子。下面将分几个类型概括介绍韩国语句子构成中应注意的几个问题。

① 句子成分的呼应(문장성분의 호응)

句子中的各个成分必须要相互搭配,否则句子不合乎语法,或语意表达不明确。特别是主谓结构是句子的核心,韩国语初学者一定要养成检查句子成分和搭配关系的习惯。

(ㄱ) 문제는 일본팀과 맞대결할 한국팀 골키퍼의 컨디션이 아주 좋지 않다.

(ㄴ) 확실한 것은 그들이 우리의 미래를 책임질 일꾼임에 틀림없다.

(ㄷ) 인간은 나면서부터 알고 싶어하는 본능이다.

(ㄹ) 아버님께서 서울에 오신 것은 손자가 보고 싶으신 것이다.

上文都是主谓不搭配的例子。例句(ㄱ)中,主语"문제(问题)"没有与之相呼应的谓语。所以应把句子中的"문제는…좋지 않다"改为"문제는…좋지 않다는 점이다"。

例句(ㄴ)也是同样的错误,应该把"확실한 것은……일꾼임에 틀림없다"改为"확실한 것은……일꾼이라는 점이다"。例句(ㄷ)的"인간은……본능이다"主谓不搭配,应改为"인간에게는……본능이 있다"。例句(ㄹ)中,应把"보고 싶은 것이다"改为:"보고 싶으셔였다",或"보고 싶으셨기 때문이다"。

(ㅁ) 손님들의 건강과 쾌적한 여행 환경을 조성하기 위하여 노력을 기울였다.
(ㅂ) 사고 원인 파악과 재발방지 대책을 조속히 마련하야 할 것입니다.

例句(ㅁ)的动词谓语"조성하다"和目的语(宾语)"손님들의 건강"无法搭配,所以应补充一个与之相搭配的谓语,改为"손님들의 건강을 지키고"。(ㅂ)中"마련하다"和"사고원인 파악"也不搭配,所以应改为"사고 원인을 정확히 파악하고"。

(ㅅ) 왕강이의 주장은 확실히 논리적으로 모순이 있을지도 모른다.
(ㅇ) 경제 발전을 위해 전국민이 합심하여 열심히 노력해 온 결과, 이제서야 우리 나라도 선진국 대열에 들어서게 되었다.

例句(ㅅ),谓语和修饰语不搭配。副词"확실히"不能与"을지도 모른다"结合,应与表示断定的谓语结合,例句(ㅅ)应改为"왕강이의 주장은 확실히 논리적으로는 모순이 있다"。例句(ㅇ)也是谓语和表示时间的副词不相搭配,应该把"이제서야"改为"이제"。

② 句子成分的顺序(문장성분의 순서)

韩国语句子成分之间的各种语法关系一般由格形态标志,即,格助词来表示。所以韩国语的语序比较自由。有时宾语或修饰语可以放在主语前,口语里有时谓语也可以放在主语前。但这并不意味着语序没有限制。首先,韩国语的基本语序(Basic Word Order)是"S(主语)-O(宾语)-V(动词谓语)",通常情况下句子是按照这个语序排列的。尤其是谓语的位置,除了特殊情况一定要放在句末。其次,修饰成分必须放在被修饰成分的前面。除此之外,主语和谓语,修饰语和被修饰语之间的距离不宜离得太远。这些都是韩国语语序的基本原则。

(ㄱ) 왕설이는 공부를 잘 매우 한다.
(ㄴ) 왕설이는 착한 공부를 잘 한다.
(ㄷ) 나는 꾸준히 다른 애들 못지 않게 노력하였다.
(ㄹ) 왕설이는 의사에게 자기는 장민의 친구이며, 막 수업이 끝나고 나서 달려왔다고 설명했다.
(ㅁ) 문제가 그런 식으로 몰려와서 항의한다고 해결되는 것도 아니어서, 일단 타일러서 돌려 보냈다.
(ㅂ) 영희는 존경하는 친구의 아버지를 만났다.

例句(ㄱ)(ㄴ)是错误句子,"잘"和"매우","착한"和"왕설은"的顺序颠倒。通常修饰语(定语,状语)不能放在修被修饰语(中心语)之后。(ㄷ)和(ㄹ),语序没有颠倒,但是副词修饰语离得太远,句子语意不够明了。应把"꾸준히""막"挪到谓语的前面。例(ㅁ)是主语和谓语之间插入复杂的成分,使得主谓关系不明确。应改为"그런식으로 몰려와서 항의한다고 <u>문제가</u> 해결되는 것도 아니어서…"。例句(ㅂ),修饰语"존경하는(尊敬的) 对象应是"아버지(父亲)",但是"아버지(父亲)"的另一个修饰语"친구의(朋友的)"夹在其中间把它们隔开,构成"尊敬"的对象也可能是"朋友",也可能是"父亲"的双重结构的句子。像这种情况,可以把(ㅂ)改成两个句子:"영희는 친구의 아버지를 만났다.""영희는 친구의 아버지을 존경한다." 或可以用逗号明确修饰关系:"영희는 존경하는, 친구의 아버지를 만났다."

③ 句子成分的省略(문장 성분의 생략)

句子成分在一定的语用条件下也可以省略。省略句子成分可以使句子简洁明了,但是省略句子结构必备的成分,会导致语法错误或语意表达不明确。下面几个例句是句子的主要成分省略不当的情况。

(ㄱ) 사회의 일부 상류층 사람들의 지나친 소비와 낭비로 상대적인 빈곤감을 더욱더 느끼게 된다.
(ㄴ) 검소함이라는 것은 물건을 남용하지 않는 것이지 필요함에도 불구하고 단념해 버리는 것이 아니라는 사실이다.

例句(ㄱ)是因主语遗漏而造成的错误。应补充"상대적인 빈곤감을 더욱더 느끼게 된다"的主语"서민층이"等。例句(ㄴ)中,"…사실이다"没有与之相呼应的主语。其实这个句子的"…사실이다"没有什么意义,与其补充一个主语,还不如把它删掉,"아니라는 사실이다"改为"아니다"即可。

(ㄷ) 인간은 한편으로 자연에 순응하면서, 다른 한편으로 이용하면서 살아왔다.
(ㄹ) 그녀는 자신이 이기적인 줄을 알면서도 남에게서는 무척 듣기 싫어한다.
(ㅁ) 이 타이어는 소음과 제동성을 높이기 위해 특수한 공법으로 제작된 뛰어난 상품이다.
(ㅅ) 수업이 끝나고 배가 고픈 때라 빵과 우유를 있는 대로 마셨더니 배탈이 났다.

例句(ㄷ)是缺少"이용하면서"的宾语,应补充宾语"자연을"。例句(ㄹ)也是同样的错误。应补充"듣기 싫어한다"的宾语"그 말을"等。

例句(ㅁ)则省略了谓语。"높이다"只和"제동성"结合,所以应补充宾语"소음"的谓语"줄이다",改为"소음을 줄이고 제동성을 높이기 위해…"。(ㅅ)也是缺少谓语。"빵"不能和"마시다"搭配,所以要补充一个宾语"빵"的谓语。

④ 时制的呼应(시제의 호응)

时制是表示动词所表达内容的时间关系(现在,过去,未来)的语法范畴,韩国语的时制一般由时制语尾来表示。韩国语句子中时间词所表示的时间和各种语尾所表示的时制必须保持一致。因为韩国语和汉语的时制形式不同,所以中国学生的写作中时制不一致的错误出现得比较多。

(ㄱ) 아버지 시절에만 해도 어디서나 물을 마실 수 <u>있고</u>, 그야말로 산 좋고, 물 좋은 우리 나라였다. (있었고)

(ㄴ) 16일 새벽부터 내린 봄시샘 눈으로 강원도 영동 산간 지방은 <u>기막히는</u> 설경을 이루었다. (기막힌)

(ㄷ) 인간이 자연에 순응하는 태도를 취하고 <u>만다면</u> 오늘날과 같은 문명의 진보가 나오지 못했을 것이다. (말았다면)

(ㄹ) 그녀는 요즈음 소녀 시절의 순수한 마음을 잃어가는 것 같은 느낌으로 슬퍼지는 때가 <u>있었다</u>. (있다)

(ㅁ) 그 날 새벽에 <u>떠오를</u> 태양을 보며 감격에 잠겼었다. (떠오른)

(ㅂ) 만호는 평소에 독서를 즐기고 있는데, 낚시질은 별로 즐기지 <u>않았다</u>.(않는다)

⑤ 助词与语尾(조사와 어미)

名词后接助词,动词后接语尾构成韩国语的句子。助词有格助词和补助词,语尾有连接语尾,终结语尾,时制语尾,冠形语尾等等。助词和语尾是韩国语学习中难度比较大,而且最重要的语法重点之一,要写好文章一定要正确使用它。韩国语助词和语尾数量多,语法意义复杂,在这里我们主要介绍几种常见的错误。

(ㄱ) 옛날 옛적에 마음씨가 착한 총각은 있었습니다. (총각은→총각이)

(ㄴ) 원시 시대부터 인간은 끊임 없는 발전을 거듭해 온 것은 우리가 인정해야 하는 사실이다. (인간은→인간이)

(ㄴ) 정부는 이 문제를 일본 당국에게 강력히 항의하였다. (당국에게→당국에)

(ㄷ) 그렇다고 해서 나에게서 불만이 아주 없는 것은 아니다. (나에게서→나에게)

(ㄹ) 모두 자기들 주장만이 옳다라고 우기며 타협하지 않았다. (옳다라고→옳다고)

(ㅁ) 그 문제가 더 이상 논의할 수 없는 처지에 빠지게 되었습니다. (문제가→문제를)

(ㅂ) 그저 경제적 성공에만 추구하는 우리 삶의 태도가 아쉽다. (성공에만→성공만)

(ㅅ) 그 사건이 있고부터 철수는 가끔 그 여자의 생각에 빠지곤 한다. (여자의→

여자)

(ㅇ) 험상궂게 생긴 사나이는 두 눈까지 부릅뜨고 소년을 주눅들게 하기에 충분했다. (부릅끄고→부릅뜨고 있어)

(ㅈ) 기말 시험이 막 다가와서 아주 바쁘며 감기에까지 걸려 정말 힘들다. (바쁘며→바쁜데)

(ㅊ) 올해도 건강하세요. (→올해도 건강하시기 바랍니다.)

(ㅋ) 올 한해 더욱 행복하세요. (→올 한해 더욱 행복하시기 바랍니다.)

(ㅌ) 알맞는 답안을 골라 쓰세요. (→알맞은 답안을 골라 쓰세요.)

⑥ 功能语的呼应(구조어의 호응)

韩国语中表示词的语法关系或句子之间的逻辑关系的语言单位也叫做功能语(包括副词、助词、语尾等),它是同表示具体意义的概念语(实词)相对应的概念。韩国语的不少功能语成对使用,前后要呼应。

(ㄱ) 아무리 글을 길게 쓰고, 글씨를 깨끗이 쓰려고 하다 보니 내용이 떠오르지 않습니다. (→하여도)

(ㄴ) 이런 시간에 그런 회상의 유혹을 물리치기란 좀체로 어려운 일이었다.(→쉬운 일이 아니었다)

例句(ㄱ)的副词"아무리"应和"하여도"呼应,(ㄴ)的副词"좀체로"应和否定形式呼应,所以把"어려운 일이었다"改为"쉬운 일이 아니었다"。

下面是韩国语的部分常用功能语。

韩国语常用功能语一览

功能语	例句
~치고 ~것 없다	한국인치고 그 사건을 모르는 이는 없을 것이다.
~결코 ~없다/아니다	결코 무섭지 않다. 그녀는 결코 그런 여자가 아니다.
~도 ~려니와	이곳은 경치도 좋으려니와 인심도 좋다.
~로 하여금 ~게 하다	그는 나로 하여금 실망하게 하였다.
일절 ~않다/못하다	일절 먹으면 안된다. 외부 임원은 일절 들어오지 못한다.
그다지 ~않다/못하다	그다지 춥지는 않다. 그다지 깨끗하지 못하다.
차마 ~없다/못하다	차마 눈뜨고 볼 수가 없다. 차마 떠나갈 수가 없었다.
별로 ~없다/않다	별로 이쁘지도 않다. 별로 급한 일이 아니다.
전혀 ~없다/않다	사건과는 전혀 관계가 없다. 듣던 소문과는 전혀 다르다.
도무지 ~없다/않다	도무지 그 이름이 생각나지 않는다. 도무지 알 수 없다.
도저히 ~없다/못하다	도저히 응낙 못하겠다. 도저히 할 수 없다.

여간 ~않다	내부가 여간 복잡한 게 아니다. 여간 흐뭇하지 않았다.
도대체(대관절) ~이냐?	대관절 어찌된 일이냐? 도대체 무슨 일이 생겼냐?
마땅히(모름지기) ~야 한다.	모름지기 국산품을 애용해야 한다. 마땅히 그래야 한다.
무릇 ~은 ~어야 한다.	무릇 사람이란 성실해야 한다.
과연 ~구나(군)	과연 그렇구나(군). 과연 너답게 잘했어.
부디/아무쪼록 ~하여라	부디 몸 조심해라/하십시오. 부디 참석해 주십시오.
하물며 ~하랴	짐승도 은혜를 알거늘 하물며 인간에 있어서랴.
오죽 ~랴/겠니	프랑스 유학을 가게 되었으니 오죽 기쁘랴/기쁘겠니.
비단 ~뿐만 아니라	비단 학업뿐만 아니라 운동에도 능하다.
아무리 ~해도	아무리 가난해도 책은 꼭 산다. 아무리 추워도 난 간다.
정녕 ~다면	정녕 가겠다면 그렇게 하도록 하시오.
혹시 ~하더라도 ~말라	혹시 실패하더라도 낙심하지 말아라.
드디어 ~고 말았다/버렸다	드디어 이기고야 말았다. 드디어 가버렸다.
만약(만일) ~ㄴ다면/라면	만약 네가 간다면…. 만약 내가 학생이라면….
설령/설사 ~ㄹ지라도/다손치더라도	설령 잘못했다손치더라도 그렇게 욕을 하면 안된다. 설령 그것이 일시적인 생각이라 하더라도 죄는 죄다.
하도 ~어서	하도 걸어서 다리가 아프다. 하도 울어서 목이 아프다.
비록 ~일지라도/지만/더라도	비록 그렇더라도 나에게 책임이 있다.
설마 ~까/느냐?	설마 죽을까? 설마 그럴 리가 있겠느냐?
차라리 ~지언정/ㄹ망정	차라리 죽을지언정 애원은 않겠다.
자칫하면 ~기 쉽다/게 되다	자칫하면 수면 부족이 되기 쉽다. 자칫하면 틀리게 된다.
왜냐하면 ~때문이다	왜냐하면 오늘은 토요일이기 때문이다.
아까(과거) ~았/었다	영이가 아까 밥을 먹었다. 하늘이 아까 푸르렀다.

五、文章的基本单位(二)

1. 段落(문단)

　　句子的组合构成段落(paragraph)。段落是从句到篇的中间环节,它是文章中相对独立的一个部分,也是文章立言行文的基本单位。分段是文章组织上重要的一步,可以使文章的结构完整,条理清晰。这样既可以避免给读者带来压迫感,使读者产生继续读下去的欲望,还可以帮助读者理解文章。

文章和段落在长度上有明显不同,但是在结构上是非常相似的。段落通常由一个话题句引出,接着是一系列说明话题句的细节,即补助句。最后是结尾句。同样,文章是由篇首段(开头)、主体段(正文)和结论段(结尾)三部分组成。开头段揭示主题,正文部分对主题分点阐述,结论段对全文归纳总结。同时,无论文章还是段落都要遵循统一性和连贯性的原则。可以说,文章是段落的扩展,段落是文章的缩影。所以段落训练是写作训练中一种便捷的训练方式。特别是在韩国语写作中,段落写好了,一般文章写起来就比较容易了。

(1) 好段落的必要条件(좋은 문단의 요건)

一个好的段落应具备以下条件:

第一,段落的意义要单一。每一个段落应集中表达一个中心思想,即段落主题。

第二,段落要表达一个相对完整的内容,并与文章整体及其他段落之间形成有机联系。

第三,段落要有明确表达段落主题的中心句。段内的所有句子应围绕中心句的意义加以阐述或论证,为中心思想服务。

第四,段落中的句子之间应衔接自然,有条不紊,合乎逻辑,不能出现任何与段落主题无关的句子。

第五,段落的长度要适度。韩国语文章的段落一般由6~9个句子构成。

段落和段落之间应有着密切的联系,它们之间构成相互制约的关系。当另起一段时,应是一层新的意思。通常在以下情况时开始新段落:

① 时间或地点发生变化的时候(시간이나 장소가 바뀔 때)
② 人物或事件发生变化的时候(인물이나 사건이 바뀔 때)
③ 立场或观点发生变化的时候(입장이나 관점이 바뀔 때)
④ 对话的人物发生变化的时候(대화 인물이 바뀔 때)
⑤ 叙述的方法发生变化的时候(서술 방법이 달라질 때)

(2) 段落的构成与话题句(문단과 소주제문)

一个段落由若干个句子构成,表达一个相对完整的内容。段落话题的核心内容即话题的中心思想叫做段落主题。为了和文章的主题区别也叫"小主题"或"话题(topic)"。表示段落话题的核心内容的中心句子叫做"小主题句"或"话题句(topic sentence)"。段落内的其他从属于话题句,为话题服务的附属句子叫做"补助句(뒷받침문장, supporting sentence)"。

韩国语写作比较重视话题句的作用,缺少它,段落意义就会含糊不清。根据话题句在段落中的位置可以把段落分为如下5种结构类型。

段落与话题句

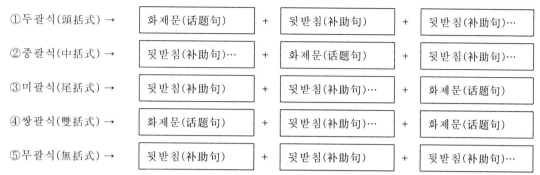

头括式的话题句在段首,中括式在段腹,尾括式在段尾。双括式的话题句在段首和段尾,它实际上是头括式的变体,为了强调段落主题,在段尾用不同的句子形式重复段首话题句的内容。

无括式段落比较特殊,话题不是以话题句的形式出现在段落表面,而是分散于几个补助句中,或潜藏在整个段落的深层。无括式段落的写作需要相当的写作功底,常用于文学作品中,一般在说明文、议论文中不宜采用。特别是初学者应首先要熟练掌握最基本的头括式(演绎)和尾括式(归纳)写作方法为好。下面(ㄱ)~(ㄴ)是5种段落结构的例句。

(ㄱ) 땅은 우리에게 많은 것을 베풀어 주고 있다. 땅은 우리가 발을 딛고 걸어다 닐 수 있는 길과, 집을 짓고 사는 터전을 마련해 주고 있다. 푸르고 아름다운 산과 들 그리고 헤아릴 수 없이 많은 초목과 꽃들을 선사해 주는 것도 땅이다. 그 뿐이겠는가. 온갖 곡식과 과일과 채소를 가꾸어 모든 인류를 먹여 살리는 것도 알고 보면 땅이 말없이 베풀어 주는 은덕이다. 우리 인간에게만이 아니고 숱한 자연의 생명체, 하다 못해 벌레 같은 미물까지도 그 가슴에 품어서 추운 겨울에도 온기를 주어 살리는 것도 땅의 미덕이다. (头括式)

(ㄴ) 땅은 우리가 발을 딛고 걸어다닐 수 있는 길과, 집을 짓고 사는 터전을 마련해 주고 있다. 푸르고 아름다운 산과 들 그리고 헤아릴 수 없이 많은 초목과 꽃들을 선사해 주는 것도 땅이다. 땅은 우리에게 많은 것을 베풀어 주고 있는 것이다. 그 뿐이 아니다. 온갖 곡식과 과일과 채소를 가꾸어 모든 인류를 먹여 살리는 것도 알고 보면 땅이 말없이 베풀어 주는 은덕이다. 우리 인간에게만이 아니고 숱한 자연의 생명체, 하다 못해 벌레 같은 미물까지도 그 가슴에 품어서 추운 겨울에도 온기를 주어 살리는 것도 땅의 미덕이다. (中括式)

(ㄷ) 땅은 우리에게 많은 것을 베풀어 주고 있다. 땅은 우리가 발을 딛고 걸어다 닐 수 있는 길과, 집을 짓고 사는 터전을 마련해 주고 있다. 푸르고 아름다운 산과 들 그리고 헤아릴 수 없이 많은 초목과 꽃들을 선사해 주는 것도 땅이다. 그 뿐이겠는가. 온갖 곡식과 과일과 채소를 가꾸어 모든 인류를 먹여 살리는 것도 알고 보면 땅이 말없이 베풀어 주는 은덕이다. 우리 인간에게만이

아니고 숱한 자연의 생명체, 하다 못해 벌레 같은 미물까지도 그 가슴에 품어서 추운 겨울에도 온기를 주어 살리는 것도 땅의 미덕이다. 이처럼 땅이 베풀어 주는 혜택은 무진한 것이다. (双括式)

(ㄹ) 땅은 우리가 발을 딛고 걸어다닐 수 있는 길과, 집을 짓고 사는 터전을 마련해 주고 있다. 푸르고 아름다운 산과 들, 그리고 헤아릴 수 없이 많은 초목과 꽃들을 선사해 주는 것도 땅이다. 그 뿐이겠는가. 온갖 곡식과 과일과 채소를 가꾸어 모든 인류를 먹여 살리는 것도 알고 보면 땅이 말없이 베풀어 주는 은덕이다. 우리 인간에게만이 아니고 숱한 자연의 생명체, 하다 못해 벌레 같은 미물까지도 그 가슴에 품어서 추운 겨울에도 온기를 주어 살리는 것도 땅의 미덕이다. 이렇게 땅은 우리에게 많은 것을 베풀어 주고 있다. (尾扩式)

(ㅁ) 땅은 우리가 발을 딛고 걸어다닐 수 있는 길과, 집을 짓고 사는 터전을 마련해 주고 있다. 푸르고 아름다운 산과 들 그리고 헤아릴 수 없이 많은 초목과 꽃들을 선사해 주는 것도 땅이다. 그 뿐이 아니다. 온갖 곡식과 과일과 채소를 가꾸어 모든 인류를 먹여 살리는 것도 알고 보면 땅이 말없이 베풀어 주는 은덕이다. 우리 인간에게만이 아니고 숱한 자연의 생명체, 하다 못해 벌레 같은 미물까지도 그 가슴에 품어서 추운 겨울에도 온기를 주어 살리는 것도 땅의 미덕이다. (无扩式)

(3) 特殊段落(특수문단)

根据内容和在整篇文章中的作用,段落可分为一般段落和特殊段落。一般段落也叫发展段落,是围绕话题句的核心内容进行具体的阐述和论证,是展开话题的段落。前面讲过的都是关于一般段落的问题。一般段落分为主要段落和补助段落,主要段落和补助段落的关系类似于段落中话题句和补助句的关系。

特殊段落是在文章的开头或结尾等,为特殊目的所使用的段落。通常,一篇文章里使用一两个特殊段落。特殊段落有导入段落,转换段落,整理段落,主段落与从属段落,敷衍段落,强调段落等。

① **导入段落**也叫起始段落,一般在文章的起始部分,它是或提出问题,或提示主题,或交代事件等的段落。相当于文章的开头。导入段落的例句参考前一节"开头"方法。

② **整理段落**也叫终结段落,一般在文章的末尾部分,总括文章内容,结束文章的段落。相当于文章的结尾。例句参看前一节"结尾"方法。

③ **转换段落**也叫连接段落,一般在文章的中间部分,概括或整理上文已叙述的内容,提示下文叙述方向的段落。其常用于篇幅比较大的文章。

(ㄱ) 이제까지 우리는 이 회의 목적이 무엇이라는 점에 대해서 논의했고 또 그 필요성을 강조해 왔다. 그러면 그 목적 달성을 위하여 우리는 어떻게 해야 할 것인가? 이제 이 점을 바로 중심 과제로 삼고자 한다.

(ㄴ) 이제까지 우리는 건강의 중요성과 그것이 정신 작용에 미치는 영향에 관해서 살폈다. 그러면 건강을 유지하는 구체적인 방법은 무엇인가? 이제 이 점에 대해서 알아보는 단계에 이르렀다.

④ **主段落与从属段落**，它们是成对构成的段落。通常，先以主段落概括话题，后以从属段落阐释主段落的中心思想。在话题(小主题)特别重要而需要详细地论证和阐述的时候使用。

(ㄱ) 이웃 사랑은 적어도 두 가지 면에서 우리를 흐뭇하게 만든다. 하나는 이웃을 기쁘게 하는 일이고, 다른 하나는 자신을 즐겁게 하는 것이다. 여기 이웃이란 우리의 형제 자매, 가까이 사는 사람, 아는 사람 나아가서 우리와 공동 운명체를 이루는 모든 이들을 말한다.(主段落)

(ㄴ) "이웃을 기쁘게 하는 일"이란 우리에게 가장 가까운 사람들을 기쁘게 해 준다는 뜻이다. 우리는 이웃에게 관심을 가지고 조그마한 사랑이라도 보여줌으로써 그들을 상상할 수 없을 정도로 즐겁게 해 주는 일이 많다. 가령, 아무도 돌보지 않고 있는 불우한 사람, 외로이 사는 노인들, 부모를 잃은 아이들에게는 우리의 조그마한 성의만으로도 커다란 기쁨의 선물을 안겨 주게 된다.(从属段落)

(ㄷ) "자기 자신을 즐겁게 하는 것"이란 이웃을 사랑함으로써 자신에게도 기쁨의 보상이 따른다는 것이다. 우리는 좋은 일을 한다든지 남을 사랑하게 되면 사랑 받는 것 못지 않게 흐뭇한 느낌을 지니게 된다. 사랑이란 받는 것보다 주는 것이 더 우리를 행복하게 만든다고 하는 말은 바로 이런 것을 의미한다. 또한 이웃 사랑은 상대방으로 하여금 나를 사랑하게 만들어서 사랑의 수로가 열리는 결과도 낳는다.(从属段落)

(4) 段落的长短(문단의 길이)

段落是由一个话题句和若干个补助句构成。通常，一个段落只有一个话题句,所以段落的长短实际上指的是补助句的多寡。补助句的数量虽然没有固定的要求，但韩国语的段落一般由5~8个补助句构成。话题比较简单,用3~4个补助句也可。如果是比较复杂或重要的话题,则需要用8个或更多的补助句。

段落不宜过长,遇到比较复杂或重要的话题,可以把话题再细分成若干个小话题。譬如,"我朋友的优点"这样一个话题如果写在一个段落内必然会过长。这时不妨把"优点"再分成"正直""诚实""勤奋"等几个小话题,这样可以避免段落过长。

　　내 친구 경구는 여러 가지 장점을 지니고 있는데, 우선 <u>그는 누구보다도 정직한 성품을 가지고 있다.</u> 그 애가 거짓말하는 것을 본 일이 없다. 너무 고지식하다는 핀잔을 들을 정도로 곧이곧대로 말하고 행동한다. 언젠가는 지각을 했는데,"왜 지각했느냐"는 물음에 "어제 밤늦게까지 놀아서 아침에 늦잠을 잤습니다."라고 대답해서 선생님께 혼이 난 적이 있다. 뻔히 혼이 날 것을 알면서도 솔직히 대답을 했던 것이다. 대충 다른 핑계를 대면 선생님의 꾸중을 피해 갈 수 있었을 터인데, 경구의 솔직한 성품은 그런 사소한 거짓말조차도 입밖에 내지를 않는다.

　　그는 또 성실하다. 자기 맡은 바 일을 충실히 해 낸다. 아무리 힘드는 일이라도 남에게 미루는 일이 없이 자기가 해낸다. 자신에게 주어진 일은 남이 보거나 말거나 한결같이 해 나간다. 경구가 주번 일을 할 때면 우리 교실은 몰라 보게 깨끗해 진다. 수업을 마치고 굳이 청소를 할 필요가 없을 정도이다. 경구가 쉬는 시간마다 걸레질을 해대니 교실이 더러워질 수가 없는 것이다. 다른 아이들이 떠들고 장난 하는 와중에서 묵묵히 자신의 일을 해 나가는 경구의 성실성은 이미 정평이 나 있다.

　　그뿐 아니라 그애는 어떤 아이들보다도 부지런한 아이다. 아침 일찍 일어나서 집안 청소를 하고 바깥 마당을 쓸고 있는 것도 내가 가끔 목격했다. 숙제 같은 것도 미루는 일이 없이 곧장 해서 가져온다. 그래서 얌채 같은 애들은 그애 숙제를 베끼려고 벼르는 일도 많다. 청소 시간만 해도 남의 두 배는 될 정도로 쉴새 없이 손을 놀린다. 그의 부지런함은 그의 행동 하나하나에서 여실히 드러난다.

　　그밖에도 그의 장점은 많다. 그는 공부도 잘하여 성적이 좋고 운동도 게을리 하지 않는다. 친구들 간에 싹싹하고 마음 좋아 그애만 만나면 모두 마음이 편하다고들 한다. 이처럼 경구는 누구에게나 자랑할 만한 모범적인 학생으로서 갖추어야 할 장점을 죄다 갖추었다.

　　另一方面,段落的长短又因写作者的知识水平,或写文章时所针对的阅读对象的不同而有所不同。如小学生、初中生、高中生、大学生等思考问题的能力不同,所写的段落的长短和内容的充实程度也会不同。如果是小学生,可能会写出①程度的段落。如果是初中生或高中生,可能写得更充实一些。如果是大学生的程度,可能会写得更全面,更完整。

　　① 나는 우리 아버지를 존경한다. 우리 아버지는 우리가 모르는 것을 잘 가르쳐 주신다. 우리 아버지는 우리 가족들을 끔찍히 아껴 주고 집안을 잘 가꾸어 주신다. 동네 사람들도 우리 아버지 말을 잘 듣는다.(小学生)

　　② 나는 우리 아버지를 존경한다. 아버지는 가족들을 위해서 힘든 일을 마다 하지 않으신다. 집에 오시면 쓰러지듯이 깊은 잠에 빠질 정도로 피곤한 회사 생활을 20여년 동안 불평 한 마디 없이 견뎌 오셨다. 아버지는 회사 일이 어렵기는 하지만 그 회사를 그만 두게 되면 가족은 누가 먹여 살리느냐 하신다. 오로지 가족을 위해서 어려움을 묵묵히 참아 오신 것이다.(中学生)

　　③ 나는 우리 아버지를 존경한다. 우리 아버지는 평소에 화를 내시는 법이 없으신다. 가끔씩 어머니께서 심하게 잔소리를 늘어 놓으셔도 그냥 웃고만 계신다. 우리들에게도 너그러우시다. 성적이 떨어져도 성내시지 않는다. "다음에는 잘 하렴." 하시고는 그 뿐이다. 집 밖에서도 아버지의 인자하심은 소문이 나 있다. 우리

집에 다녀 가시는 분들은 한결 같이 "인자하신 분"이라는 말로 우리 아버지를 칭송한다. 모든 일에 그렇게 너그러운 분을 뵌 적이 없다고들 하신다.(高中生)

④ 나는 우리 아버지를 존경한다. 우리 아버지는 사랑을 직접 실천하실 줄 아는 분이기 때문이다. 언젠가 아버지는 어떤 할아버지와 함께 오신 적이 있었다. 길에서 떨고 있는 노인을 보다 못해 집으로 모셔온 것이다. 어머니가 "당신이 무슨 사회 사업가예요?" 하고 언짢아 하신 것은 물론이다. "밖이 몹시 춥잖아. 날이 좀 풀릴 때까지만 보살펴 드리자고…" 화를 내시는 어머니를 달래는 아버지의 모습에는 사랑의 마음이 배어 있었다. 그 후에도 이런 일이 종종 있었다. 딱한 처지에 있는 사람만 보면 아버지는 그들을 돕는 데에 노력을 아끼지 않으신다. 어떤 때는 가족들보다도 그들을 더 우선 생각하는 것 같아 서운함이 생길 정도이다. "박애 정신"이라는 다소 거창한 표현이 아버지에 대한 표현으로는 안성맞춤이라고 여겨지는 것은 아버지가 평소에 사랑을 실천하려는 마음이 그만큼 크신 까닭이다. 나는 이런 점에서 아버지를 훌륭한 분으로 존경한다.(大学生)

(5) 句子和段落接续(문장과 문단의 연결)

段落是由句子汇集而成的,但并不是句子的简单罗列,而是一个有机的统一体。所以写文章时正确理解句子和句子,以及段落和段落之间的上下接续关系是很重要的。有时仅仅通过文章的脉络就可以明白句子与句子、段落与段落之间的关系。但如果其关系不是十分明了则可以使用接续词。

韩国语常用的接续词

类型	上下关系	接续词
原因结果 (원인, 결과)	提示原因或理由, 并表示结果或结论	그러므로, 그래서, 그러니까, 그러자, 그러기에, 그러기 때문에, 그런고로, 따라서, 왜냐하면 …
逆接对比 (역접, 비교)	表示否定或对立关系	그러나, 그렇더라도, 그렇지만, 이와는 달리, 이에 반해, 이에 견주어, 이에 비하면, 하지만, 그래도, 반면에, 다만 …
顺接 (순접)	表示顺接关系	그리고, 그러므로, 그러니, 이와 같이, 그래서, 그러면, 그리하여 …
添加补充 (첨가, 보충)	添加强调或详述前文的内容	그리고, 더구나, 그 위에, 게다가, 덧붙여 말하면, 단, 더욱, 뿐만 아니라, 아울러, 또한, 더욱이 …
转换 (전환)	转换话题, 导入其他的内容	그런데, 그러면, 그건 그렇다치고, 그건 그렇고, 다음으로, 대저, 한편, 아무튼, 여기에 …
换言概括 (요약, 환언)	表示变换说法, 进一步说明或概述	요컨대, 결국, 즉, 곧, 다시 말하면, 바꿔 말하면, 아무튼, 간단히 말하면, 요약하면, 이런 점으로 보면, 환언하면, 이상, 이상으로써 …
让步 (양보)	表示让步关系	그럼에도 불구하고, 비록~할지라도, 그렇다면, 그렇다해도, …
对等 (대등)	表示前后对等内容接续	또는, 혹은, 및, 한편, 그리고 …

先后 (선후)	表示事件先后关系	그리고, 이후, 그러자, 그 다음에…
例示比喻 (예시, 비유)	表示举例或比喻说明、证明等	가령, 예컨대, 이를테면, 예를 들면, 말하자면…

韩国语写作中,恰到好处地使用接续词,能使文章简洁明了,增强句子之间、以及段落之间的连贯性,也就能够确保文章的逻辑性。但是滥用接续词,反而会成累赘,所以应适当地使用连接语尾等语法手段。

除了接续词和连接语尾,同一个词的重复、同义词和指示代词的使用也是接续句子或段落的重要手段。

2. 段落展开的基本方法 (단락전개의 기본 방법)

按照记述的方式,段落的展开大致可分为叙事、描写、说明、论证等四种基本方法。用这些基本方法写成的段落分别称为叙事段落,描写段落,说明段落,论证段落。通常,写文章时展开话题采用其中的一两个方法。

(1) 叙事法 (서사법)

叙事法是对人物活动与事件经过作一般性的表述和交代的方法。叙事法按照时间的顺序记述 "누가 어떻게 하느냐" "무엇이 어떻게 움직이느냐" "그 사건이 어떻게 진행되느냐" 等问题。其中人物、时间、地点、事件的起因、经过、结果是叙事法的六要素。

叙事主要有三个作用:第一,介绍人物的经历和事迹;第二,介绍事件发生、发展的过程;第三,说明和论证提供的材料和论据。叙事的主要形式有顺叙、倒叙、插叙、补叙、分叙、详叙、略叙等。

나는 아주 어릴 적에 작은 시골 마을에서 살았다. 저녁이면 멀리 나뭇잎 타는 연기들이 피어 오르고 나는 그 향긋한 냄새를 맡으며 집으로 돌아오곤 했다. 그 무렵 나는 매일 엄마를 따라 냇가에서 작은 수건을 빨았다. 식구는 많았지만 나와 같이 놀아 줄 또래는 없었다. 동생 하나만 낳아 달라고 엄마를 졸랐다. 그런 내게 할아버지께선 눈이 체리처럼 빨갛고 흰털이 솜사탕처럼 보슬보슬 붙어 있는 토끼를 안겨 주셨다. 그때부터 왕눈이는 내 동생이 되었다. 학교에 가기 전까진 내 띠는 토끼라고 생각했었다. 손님이 오셔서 내 나이를 물으면 "토끼 띠죠" 하며 할아버지 무릎에 안기곤 했다. 나는 할아버지가 제일 좋았다.

上文就是把"나(我)"的活动和所经历的事情按照发生的时间顺序作了记述。通常,小说都是以叙事的方式展开。

叙述的要求是:第一,线索清楚,要抓住主要线索(人,物,事)叙述。第二,"叙述六要素"应交代明白,一般要把时间、地点、人物、事件写清楚,有时可省略其中一、两个要素。第三,详略要得当。

(2) 描写法(묘사법)

描写法是把人物或景物等对象的状态具体、生动地描绘出来的方法。描写法强调的是人对客观世界的感受,个人的视觉、听觉、触觉、味觉和嗅觉的几大感官感受。前面讲的叙事法注重随着时间而变化的人物行动或事件经过,即"变化"的记述,描写法则更注重客观对象状态的记述,既"状态"的描述。

描写的主要作用是:可以再现自然景色、事物情状;描绘人物的形貌及内心世界,使人物活动的环境具体化。描写法根据描写的方式可以分为细描和白描,根据描写对象可以分为人物描写、物体描写和环境描写,根据观察的视点可以分为静态描写和动态描写,根据笔者的态度可以分为客观描写与主观描写,根据描写的目的还可以分为实际描写和艺术描写。

(ㄱ) 그 사람은 나이가 30살이고 키는 1미터 75센치이다. 고향은 서울 종로구 청진동이고 학력은 대학 중퇴이다. 가족은 부모님과 아내이며 직장은 어떤 제약 회사의 영업부이다. 종교는 기독교이고 혈액형은 B형이다.

(ㄴ) 어릴 적 내 고향은 나즈막한 산들이 그림처럼 누워 있고, 마을 옆으로 흐르는 냇물이 거울처럼 맑았다. 봄이면 앞 산에 진더래와 아카시아 꽃이 지천으로 피어 마을은 온통 달콤한 꽃향기로 가득찼고, 야산 길에는 아카시아 꽃대를 씹으며 걷는 아이들이 줄지어 있었다. 가을이면 석양 무렵 누렇게 익은 벼이삭 위로 쏟아지던 붉은 태양 빛이 넘실거렸다.

上面前一例句(ㄱ)是实际的描写(人物记述),后一例句(ㄴ)是艺术的描写(景物描写)。

(3) 说明法(설명법)

说明法是对人物、事物或道理进行介绍,解说或阐释的方法。说明法记述"무엇이냐?""어떤 뜻이냐?""어떤 성질이냐?"等问题。

说明法与前面讲过的叙述法、描写法是有区别的。说明偏重于科学性、知识性,任务是解释说明某些客观事物,帮助人们认识客观世界。而叙事、描写则偏重于具体、形象地反映或表现事物的情状、变化。说明的对象可以是具体的实体,也可以是抽象的事理。

说明法有指定说明、例示说明、分类和区分说明、比较和对照说明、定义说明、引用说明、数字说明、描写说明、叙事说明等。

(ㄱ) 운동이란 말은 여러 가지 뜻을 가지고 있다. 첫째로, 물체가 자리를 바꾸어 움직이는 일을 뜻한다. 이는 물리학 등에서 주로 쓰이는 운동의 뜻이다. 둘째로는 물질의 존재와 불가분의 관계에 있는 온갖 변화를 가리킨다. 이 개념은 만물의 생성, 변화, 섭리 등을 말할 때 쓰이는 것으로 철학에서 주로 쓰인다. 셋째로, 체육이나 위생을 위해서 몸을 의식적으로 움직이는 것을 가리킨다.

이 경우는 우리가 일상 쓰는 육체적 운동을 의미한다. 넷째로, 정치적, 사회적 목적을 위해 활동하는 것을 말할 때도 이 운동이라는 말을 쓴다. 이에는 선거 운동, 독립 운동, 모금 운동, 이웃돕기 운동 등 여러 가지가 있다.

(ㄴ) 무슨 일이건 빨리 서두를수록 좋다고 생각하는 민족은 어쩌면 이 세상에서 우리뿐이 아닌가 한다. 홍콩이나 대만에서는 원래 식사는 원탁에 둘러앉아 한 가지의 음식을 종업원이 개인에게 덜어주고 그 다음 음식을 다시 가져오고 계속 10여 종류의 음식이 나온다. 그런데 한국 사람이 가면 한꺼번에 음식을 몽땅 가져다 준다. 이유는 한국 사람들은 한 가지 음식이 나오기가 무섭게 빨리빨리 가져오라고 성화대서란다. 미국 같은 경우에도 식사를 즐기면서 2시간 이상 먹는데 우리는 빨리 먹으면 10분도 채 안 걸린다. 밥뿐인가? 돈도 빨리 벌려니 문제가 생기고 출세도 빨리 하려다 문제가 생긴다. 차도 빨리 타려다 사고가 난다. 모두가 질서가 있고 순서가 있는 것인데도 서로 부딪치고 무리를 하게 되는 것이다.

前一例句是对"운동(运动)"的几种意思进行解释,使读者理解其意思的说明方法。后一例句也是用说明法展开话题。

(4) 论证法(논증법)

论证法,是运用论据证明论点(주장)的方法。即,对"무엇이 옳은가?""그것이 왜 있어야 하는가?""우리는 어떻게 해야 하는가?"等问题,通过恰当的论证和逻辑推理来阐明自己观点的表达方式。

说明法是解释和说明问题,帮助读者了解和认识问题,论证法则以理服人,用说理的办法,以概念、判断、推理等逻辑形式,直接对客观事物进行分析、评论、证明。论证法有归纳论证法和演绎论证法。

모든 생명체는 자연의 품속이 아니면 살 수가 없다. 자연은 모든 생명체가 사는 땅, 마시는 물, 숨쉬는 맑은 공기의 원천이다. 이것이 없다고 해 보라. 어떤 생명체가 어디서 어떻게 살겠는가? 우리 인간은 가장 민감한 생명체다. 어떤 생명체보다도 고귀한 만물의 영장이라고 자부하는 것이 인간이다. 그러므로 우리는 자연의 품 속이 아니면 한 시도 살 수가 없다. 우리는 자연이라는 터전이 아니면 처음부터 존재할 수가 없는 것이다.

3. 段落构思的基本方法(문단 구상의 기본 방법)

前面我们从记述方式的角度谈到了叙事、描写、说明、论证等四种构成段落的基本方法。下面从构思方式的角度进一步具体地说明构成段落常用的几种方法。

(1) 分析法(분석법)

分析法是把一个整体分成几个部分,指出部分之间的关系,以及部分和整体之间关系的方法。构思中常用的分析法有过程分析(과정분석)、结构分析(구조분석)、因果分

析(인라분석)、作用分析(기능 분석)等。

- (ㄱ) 우리의 주변에는 고통의 조건으로 가득 차 있다. 내가 스스로 만든 고통이 있는가 하면 남이 가져다 주는 고통이 있고, 자연의 변화에서 오는 고통이 있는가 하면 전쟁이 빚는 고통이 있다. 무지로 말미암은 고통이 있는가 하면 지식 때문에 오는 고통도 있다. 이 밖에도 경제 때문에 오는 고통, 건강 때문에 발생하는 고통, 가정 문제로 오는 고통, 고독에서 오는 고통 등이 있다. (구조)
- (ㄴ) 자동 변속 장치를 가진 차를 움직이려면 몇 가지 단계를 밟는다. 운전석에 자리를 잡고 기아 선택기를 중립 위치로 놓는다. 점화 장치를 틀고 시동 단추를 누른다. 엔진이 부드럽게 돌 때에 브레이크를 놓는다. 뒤에 아무도 없는지를 확인한다. 만일 뒤로 물러나야 할 필요가 있으면 선택기를 반대로 놓는다. 그럴 필요가 없으면 전진으로 놓는다. 다가오는 차가 있는지 살피면서 악셀레이타를 아주 천천히 밟는다. 그리고는 조심스럽게 나아간다. (과정)
- (ㄷ) 우리는 건강하고 젊어지려면 웃음에 인색하지 않아야 한다. 웃음이란 생리 현상은 (1) 호르몬 분비가 증가되고, (2) 호르몬의 균형이 잡히고, (3) 혈액 순환이 왕성해지고, (4) 혈액의 산도가 알칼리성으로 바뀌고, (5) 신경의 긴장 완화로 호흡이 길어지고 (6) 소화가 잘 되는 따위의 이로운 효과를 낼 수 있다. (작용)

(2) **分类法**(분류법)

分类法是把被说明的事物按一定的标准分成若干个类别,然后逐类加以说明的方法。分类时必须注意是否系统、完整。系统的分类是指分类的标准统一,避免重复的现象。完整的分类是指分类没有遗漏。采用分类说明能增强段落的条理性,便于读者理解。

- (ㄱ) 장서가는 3가지로 나누어 볼 수가 있다. 첫째는 읽지도 않고 거의 손도 대 보지 않은 전집물이나 베스트 셀러 등을 모으는 사람이다. 이런 사람들은 실제로 책을 가지고 있는 것이 아니라 잉크를 묻힌 종이 묶음을 가지고 있을 뿐이다. 둘째는 숱한 책을 가지고 있으면서 일부는 읽고 대부분은 때도 묻히지 않고 깨끗이 보존하고 있는 사람이다. 이런 사람은 책을 좋아하기는 하나 그 겉 모습에 더 관심을 쏟고 있는 축이다. 셋째는 가지고 있는 책의 분량이 많든 적든 모두 접히고 구겨지고 오래 만져서 일부는 떨어져 나가기도 하며 페이지마다 손때가 묻고 줄이 쳐지기도 한 책들을 가진 사람이다. 이런 사람은 진짜 책을 가진 장서가다.
- (ㄴ) 딜티(W.Dilthey)는 사람이 지닌 성격의 유형을 다음의 3가지로 나누고 있다. 그것은 감능적(感能的) 인간과 명상적 인간, 그리고 영웅적 인간형이다. 첫째 유형은 매사를 감성적으로 처리하며, 충동적인 생활을 영위하는 자들이

다. 이들은 단체 생활이나 회의에서 분위기에 따라 협조적일 수가 있다. 둘째 유형은 앞서와는 달리 침착하며, 조용하게 당면 문제에 대처하는 명상적인 세계관을 가진 자들이다. 셋째 유형은 의지적인 영역이 우세하며 자신의 목적을 달성하기 위해서는 어떠한 장애 요소나 저항도 단호히 극복해 내는 과격한 성격의 소유자를 말한다.

(ㄷ) 미국의 한 사회학자는 현 사회구성원을 라디오, 텔레비전, 컴퓨터 세대로 세 구분했다. 라디오 세대는 직장과 상사에 대한 충성심이 강한 기성 세대이고 텔레비전 세대는 원칙을 존중하는 중간 세대이며 컴퓨터 세대는 자신의 희망을 가장 중요시하는 신세대다. 라디오 세대는 일을 위해서라면 밤늦게까지도 근무하며 위계 질서에 소속되어야 안심한다. 텔레비전 세대는 직장과 가정 사이에서 균형을 유지하려 노력하고 컴퓨터 세대는 자기 시간을 확보하기 위해 열심히 일하며 선택이 없는 생활은 상상조차 못한다.

(3) 定义法(정의법)

定义法是指下定义的方法,就是运用简明扼要的文字,对某一事物的本质属性或某一概念的内涵和外延做出确切的说明。这种方法运用非常广泛,各类说明文、议论文等经常使用。下定义要注意准确把握对象的内涵,定义项与被定义项的外延必须相等,语言必须简明、确切,具有高度的概括性。段落中的话题句常常采用定义的方式。

(ㄱ) 사람이란 말하는 동물이라고 정의할 수 있다. 사람 말고는 말하는 능력을 가진 딴 동물이 없으니 말이다. 앵무새가 말을 하지 않느냐고 할지 모르지만, 그것은 말의 흉내이지 본격적인 언어 능력을 구사하는 것은 아니다. 오늘날까지도 많은 학자들이 사람 밖의 동물 가운데 말하는 부류가 있는지 열심히 찾아보고 있지만, 결론은 사람만이 말하는 능력을 천부적으로 가지고 태어난다는 것이다.

(ㄴ) 언어는 일종의 기호이다. 기호란 어떤 의미를 표상하는 감각적 표지이다. "어떤 의미"는 기호의 내용이요, "감각적 표지"는 기호의 형식이다. 곧 기호는 일정한 내용을 나타내는 형식을 갖추고 있는 것이다. 여러 갈래의 수학 기호 또는 부호는 물론 교통 신호, 여러 가지 형태의 통신 부호들은 다 일정한 내용을 표상하는 형식을 갖추고 있는 기호들이다. 우리의 언어도 우리의 생각과 느낌이라는 내용을 표상하는 음성이라는 형식을 갖추고 있으므로 기호적인 성질을 가지고 있다.

(ㄷ) 우선 새 말이란 무엇인가? 새 말은 어떤 것을 지칭하는 것인가 하는 것부터 규정해야 할 필요가 있다. "새 말"이란 이미 있었거나, 새로 생겨난 개념이나 사물을 표현하기 위해 지어낸 말, 그리고 이미 있던 말이라도 새 뜻이 주어진 것을 통틀어 일컫는다. 다른 언어로부터 사물과 함께 차용되는 외래어도 여기에 포함된다.

（4）比较法（비교 대조법）

比较有类比和对比之分，类比侧重于指出两种事物的相同点，对比侧重于指出不同点。这两种方法也是写段落常用的说明方式。有一点要注意，就是比较的对象应该是同一类事物。

(ㄱ) 법은 필요악이다. 법은 우리의 자유를 막고 때로는 신체적 구속을 하는 식으로 강제력을 행사하는 일이 많다. 이런 점에서 법은 달가운 존재가 아니며 기피와 증오의 대상이 되기도 한다. 그러나 법이 없으면 안전한 생활을 할 수 없게 되는 것이 우리의 사회 현실이고 보면 법은 없어서는 안 될 존재이다. 이와 같은 법의 양면성은 울타리와 비교될 수 있다. 울타리는 우리의 시야를 가리고 때로는 바깥 출입의 자유를 방해하는 점에서 답답한 존재다. 그러나 부질없은 낯선 사람의 눈총을 막아 주고 악의에 찬 침입자를 막아서 가정의 안전하고 포근한 삶을 보장하는 점에서 울타리는 고마운 존재이다. 법은 이런 울타리처럼 달갑지 않은 면이 있으면서도 우리 사회에 없어서는 안 되는 필요성을 지닌 것이다. (비교)

(ㄴ) 여자는 남자와 사고 유형이 퍽 다르다. 여자는 대개 현재의 상태를 생각하는 경향이 있다. 남자가 미래에 눈을 두고 있는 것과는 다르다. 여자는 보통 가정, 사랑 그리고 안전성을 주로 생각한다. 이는 남자들이 모험과 성(sex) 문제를 중심으로 생각하는 것과는 대조적이다. 여자들은 조그마한 성취에도 퍽 기뻐한다. 남자들이 큰 성공을 거두지 않고는 만족하지 않는 것과는 또 다른 점이다. (대조)

(ㄷ) 본질적으로 "글"은 "말"을 문자로 바꾸어 놓은 것이지만, 우리가 평소에 보통 쓰는 글의 표현 방식과 말의 표현 방식 사이에는 상당한 차이가 있다. 글로 표현하면 자연스러운 어휘가 말에 사용하면 어색하게 느껴지는 것들이 있고, 또는 말로는 표현할 수 있으나 글로는 묘사하기 어려운 내용이 얼마든지 있다. 우리가 글로 읽을 때는 자연스럽게 느껴지는 "그녀" "아름답다" "즐겁다" 등과 같은 평범한 단어들도 말로는 별로 사용하지 않으며, 친구간 대화에 흔히 등장하는 "너 어제 뭘 했니?" "그거 니꺼니" 등과 같은 표현은 대화체가 아닌 보통 글에서는 거의 찾아볼 수 없을 것이다. (대조)

(ㄹ) 컴퓨터를 사용해 보지 않은 사람들은, 아직도 컴퓨터가 이공 계통 전문가들의 전유물이라고 생각하는 경향이 있다. 그러한 생각은 컴퓨터가 현대 문명의 최첨단의 산물이기 때문에 그것을 다루는 일도 무척 어렵다고 생각하는 선입관에 연유하는 것으로 보인다. 그러나 컴퓨터는 우리가 우려하는 것만큼 접근하기 어려운 대상이 아니다. 컴퓨터에 대해 알려고 하는 사람에게 필자가 늘 강조하는 말이 있다. 그것은, 컴퓨터의 사용을 자동차 운전처럼 생각하면 된다는 것이다. 우리는 자동차의 부속품 하나 하나에 대하여 전혀 알지 못하면서도 운전을 하면서 생활에 적절히 활용할 수 있다. 이와 마찬가지로

우리는 컴퓨터의 부속품 개개의 기능을 잘 알지 못하면서도 일상 생활이나 연구 활동에 효율적으로 사용할 수 있다. 컴퓨터의 기계적인 요소까지 알려고 하는 것은 컴퓨터 사용자 일부 사람들의 일일뿐이다. 컴퓨터의 사용을 자동차의 운전에 비유했지만, 실제에 있어서는 컴퓨터의 사용은 자동차의 운전에 비해 훨씬 수월하다. 우선 배우는 과정이 더욱 간편하다. 컴퓨터를 배우기 위해서는 자동차 학원에서의 운전 연습, 면허 시험, 그리고 조심스런 도로 주행 연습 등의 까다로운 과정을 거치지 않아도 되는 것이다. 더구나 컴퓨터의 사용은 자동차 운전처럼 교통 사고와 같은 공포를 의식하지 않아도 된다. 컴퓨터 학원에 별도로 다닐 필요도 없고(물론 교습을 받는다면 훨씬 수월하겠으나 꼭 그럴 필요는 없는 것이다.) 면허 시험도 없다. 요컨대, 컴퓨터에 접근하는 가장 빠른 길은 컴퓨터에 대한 잘못된 인식이나 필요 없는 두려움을 불식시키는 일이다. (비교와 대조)

(5) 引用法(인용법)

引用法是通过引用名人名言、箴言谚语，或有代表性的看法见解来引出段落话题，展开讨论的一种方法。引用部分通常作小主题题句，但也可以作补助句。

(ㄱ) 테레사 수녀는 연약한 몸인 자신을 찾아와서 봉사하여 주기를 청하였을 때, <u>미소가 곧 봉사</u>라고 일러주었다. 인간의 참 삶이 웃음으로 이루어지는 것임을 깨달을 수 있는 사람은 인생의 가치와 멋을 아는 고상한 경지에 있는 것이다. 폭풍우 같은 세상에 고요한 마음의 평화가 깃들고 무덤같이 적막한 곳에 사랑의 생활이 있을 때 피어나는 미소는 참으로 아름다운 것이다. 웃음과 웃음 속에 밝은 삶이 온누리에 꽃 피는 것이다. (화제 문장)

(ㄴ) "마음이 곧은 사람은 비뚤어진 사람을 보고 비뚤어져 있다고 말합니다. 그러나 마음이 비뚤어져 있는 사람은 곧은 사람까지도 비뚤어져 있다고 말합니다." 당나라 말기의 재상 李德俗은 이렇게 황제에게 진언했다고 "十八史略"에 적혀있다. 사람들을 볼 때 가장 중요한 것은 상대방이 아니라 자기 자신의 눈이요, 마음이다. 편견에 눈이 흐려지고 있지 않은가 또는 독선으로 마음이 어두워지지 않았는가 조심하라는 뜻이다. 남을 평할 때에는 사실은 자기 자신을 들춰 보여주고 있는 것이다. (화제 문장)

(ㄷ) 물은 생명의 원천이며 인류 문명의 근원이다. 사람을 포함해서 지구상에 사는 모든 생물의 주요 성분은 물이다. "물은 만물의 근원이며 삼라만상을 길러낸다."고 한 것은 옛 그리스 철학자 탈레스였다. 현대의 과학자들은 어느 혹성에 생물이 사는가를 알기 위해서는 먼저 그곳에 물이 존재하는 가부터 알아본다. 모든 생물은 물없이 살 수 없기 때문이다. (보조 문장의 일부)

(6) 例示法(예시법)

例示法就是用具有典型性、代表性的例子说明某一事物或现象的说明方法。由于

采用定义说明太抽象、太概括,因而运用这一方法,将被说明事物说明得更具体,更形象,富有启发性。常用"예를 들면""이를테면""실례를 들어 말하면"等形式的接续语句。例示时要注意例子是否恰当,是否和它所要说明的道理相吻合。

  2치적 사고(2值的思考)란 어떤 대상을 두 개의 대립된 상황으로 나누어서 한쪽을 택하고 딴 쪽을 버리는 사고 방식이다. 이를테면, 긍정과 부정, 흑과 백, 선과 악 등의 두 가지 대립되는 상황을 설정하여 양자 택일을 하고, 어떤 중간적 존재도 인정하지 않는 경우이다. "흑백 논리"라고도 알려 진 이 사고 방식은 수학 문제의 풀이에서 그 대표적인 예를 볼 수 있다. 가령, <2+2>는 4가 정답이고 4가 아닌 것은 모두 오답이며, 정답과 오답 가운데 하나를 선택하여야 한다. 그 중간치는 인정되지 않는다. 이런 수학 문제의 경우 이외에도 양자 택일을 하지 않으면 안 되는 상황에서는 2치적 사고 방식이 나타난다. 예를 들면, 전쟁 터에서는 이기기 아니면 지기 곧 살기 아니면 죽기가 되는 2치적 사고가 지배를 한다. 또 "자유 아니면 죽음을 달라"라는 부르짖음도 2치적 발상에서 나온 것이다.

(7) 类推法(유추법)

  类推法是指通过类似点的比较,从一个事实推断、推论出另一个事实的方法。类推法中推论的基础是两个事实、事件或事物之间的类似性。

  화성에도 사람이 살까? 이 문제는 많은 과학자들 사이에 논란이 되고 있다. 그런데 지금까지 발명된 아무리 큰 망원경이라도 화성에 생명체가 있는지를 직접 확인할 수 없다. 그러므로 우리는 지구와 화성을 견줌으로써 어떤 추정을 내릴 수밖에 없다. 지구는 하나의 축을 중심으로 하여 돌고 있는 공 모양의 유성으로서 태양 둘레를 일정하게 공전하고 있다. 지구는 얼마쯤의 원소로 이루어져 있으며 대기층이 있음으로써 생명체를 지탱한다. 화성도 태양을 일정한 궤도로 공전하고 있고, 태양과의 거리나 자전 주기도 지구와 거의 같다. 화성은 표면의 상태가 유성 중에서 지구와 가장 비슷하고 엷으나마 대기권이 있는 것으로 알려져 있다. 이런 점에 비추어 볼 때 화성에도 생명체가 있으리라는 추정은 상당한 근거가 있다고 할 만하다.

(8) 演绎法和归纳法(연역법과 귀납법)

  演绎法是由一般原理推导出特殊情况下形成结论的方法。归纳法是由一系列具体事实概括出一般原理的方法。

  (ㄱ) 모든 사람은 감정의 동물이다. 사람이 누구나 이성과 함께 감정을 가진다는 것은 아무도 부인하지 못한다. 만일 사람에서 감정을 빼 버린다면 목성과 다름이 없을 것이다. 그런데 세상에 철인으로 알려진 강심장을 가진 이도 사람의 범주를 벗어날 수는 없다. 그런 사람도 꼬집으면 아프고 기쁜 일을 보고는 웃음을 터뜨리며 슬픈 일을 당하면 심통하는 마음을 가진 점에서 우리 보

통 사람과 같을 수밖에 없는 것이다. 만일 그렇지 않다면 감각이 정지된 기계적인 존재가 되고 말 것이기 때문이다. 따라서 어떠한 철인이라도 감정의 동물임에는 틀림이 없다. 그런 이는 경우에 따라 감정을 겉으로 드러내지 않는 수는 있겠지만 그것이 전혀 없다고는 말할 수가 없다. (연역)

(ㄴ) 모든 민족은 저마다 독특한 민족성을 지닌다. 한국인은 은근과 끈기라는 특성을 지닌다. 일본 사람은 성질이 급하고 잔인한 섬나라 근성이 있다. 중국인은 여유만만한 대륙성 기질을 지닌다. 프랑스 사람은 예술적 기질이 풍부하고, 독일 사람은 정확성을, 영국 사람은 보수성을 띤다. 이런 특성들이 한 민족 전체에 예외없이 적용되는 것은 아니지만 전형적인 성격을 보여 주는 것만은 틀림없다고 본다. (귀납)

(9) 详述法(상술법)

详述法就是对事物进行解释、阐释,常常在定义之后,对定义进行补充说明。详述法虽然不像定义法有一定的格式和严密的要求,但也要准确、明晰。

(ㄱ) 글이라는 것은 그 사람 자체다. 글은 그 사람의 인격, 생각, 느낌 등 온갖 삶의 모습을 거울처럼 반영하는 것이다. 그러니 글을 쓴다는 것은 자기 자신을 온 천하에 공표하는 것이다. 곧 글은 단순한 표현 수단이 아니라 그 사람의 혼과 넋을 그대로 드러내는 것이다.

(ㄴ) 꽃샘 추위에 설늙은이 얼어 죽는다는 말이 있다. 꽃샘 추위란 이른 봄 꽃이 피기 시작할 무렵에 밀어 닥치는 늦추위를 말한다. (다시 말하면) 꽃이 피는 것을 샘내서 훼방을 부리는 추위라고 해서 붙여진 이름이 꽃샘 추위이다. 이런 늦추위에는 허약한 늙은이들이 오히려 곤욕을 치르게 되는 일이 많게 된다. 겨울에는 추위 방비를 잘 해서 무사할 수 있었는데, 이제 봄이라고 해이한 마음으로 무방비 상태에 빠지게 되다가 큰 변을 당하게 된다는 것이다. (다른 말로 말하면) 뜻밖의 어려움에 희생자가 많으니 매사에 너무 성급히 굴어서는 안 된다는 것이 이 속담이 드러내는 속 뜻이다.

六、文　章

前面介绍了有关段落的基础知识,下面将简要介绍这些段落构成一篇文章的过程,以及段落的话题和文章的主题之间的相互关系等问题。文章包括整体结构和组织结构,整体结构已有说明,下面主要说明组织结构。

1. 文章的结构(글의 구성)

　　文章是由段落组成,它的结构和段落(双括式结构)非常相似。可以说文章是段落的扩展,段落是文章的压缩。"序论-本论-结论"是文章最基本的结构形式,但是文章的序论、本论和结论并不是由一个段落构成的。通常,若干个句子围绕一个话题句组成段落,若干个段落又围绕一个更大的话题(主要段落)组成新的上位结构,这些上位结构再围绕整篇文章的主题构成文章。段落有形式标志(indention/들여쓰기),由段落组成的上位结构一般没有形式标志。为区别段落和段落的上位结构,分别称之为"形式段落"和"内容段落"(又称二级段落),内容段落的话题称为"中间话题(중간화제)"。文章的内容结构和形式结构的关系,以及段落和文章组织结构的关系可以用如下图表示。

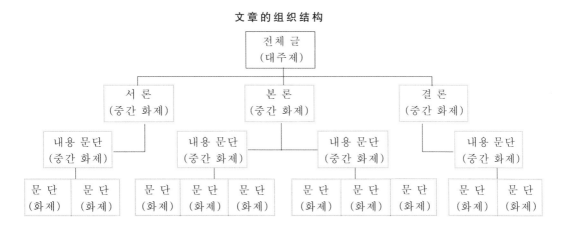

文章的组织结构

　　如上图所示,若干个形式段落构成一个内容段落,序论、本论和结论都可以拥有几个内容段落。其实,序论、本论和结论本质上也是内容段落的一种。每个段落具有一个话题,有一定的相对独立性和统一性。但它作为整篇文章一个有机的组成部分,又必须具有连贯性,段落是为文章的主题服务。内容段落和形式段落之间的关系,同段落(形式)内句子之间的关系是非常相似的。

2. 文章主题和段落话题(글의 주제와 문단 화제)

　　一篇文章能够拥有由若干个形式段落组成的内容段落,这意味着一个文章可以拥有几个中间话题,而且序论或本论也可以拥有几个中间话题。也就是说段落的话题是为文章的主题服务,但是段落的话题并不一定直接跟文章的主题发生关系,而是通过中间话题跟主题发生关系。下面是一篇"青少年过度使用电脑有害健康"为主题的文章,我们以此文章展开的方式为例说明话题和主题的这种关系。

主题和话题的关系

주제: 지나친 컴퓨터의 사용은 건강에 해롭다

구성	중간 화제 (내용 문단)	화제 (형식 문단)
서론	○컴퓨터가 생활화 되었다.	● 과학의 발달로 컴퓨터가 유용해졌다. ● 생활의 필수품이 되었다.
	○요즘 청소년들이 지나치게 사용하는 경향이 있다.	● 채팅에 시간을 많이 허비한다. ● 게임에 골몰한다. ● 모든 것을 컴퓨터에 의존하려 한다.
본론	○컴퓨터는 능률을 올리고, 생활을 과학화한다.	● 글쓰기가 편리해졌다. ● 정보와 지식을 얻기가 쉽다. ● 모든 일에 컴퓨터를 활용할 수 있다.
	○요즘 청소년들이 컴퓨터에 너무 집착한다.	● 학습에 지장을 줄 정도로 컴퓨터를 사용한다. ● 스스로 사고하지 않고, 컴퓨터를 이용하려 한다.
	○청소년들의 컴퓨터의 지나친 사용은 건강에 좋지 않다.	● 시력을 해칠 수 있다. ● 전자파에 노출된다. ● 잠을 자지 않아 몸이 축난다.
	○타의에 의한 조절보다 자의로 조절하는 것이 좋다.	● 법으로 정할 수 있는 것은 아니다. ● 부모님이나 스승이 조정하는 데는 한계가 있다. ● 스스로 적절히 사용하는 방법을 강구해야 한다.
결론	○컴퓨터는 유용하다.	● 정보화 시대에 컴퓨터의 발달은 필연적이다. ● 현대인에게 컴퓨터는 필수적이다.
	○지나치게 컴퓨터를 사용하지 말아야 한다.	● 슬기로운 사람은 자신을 조절할 줄 안다. ● 앞날을 위하여 육체적 정신적 건강을 지켜야 한다.

　　从上表中可以看出,序论有两个中间话题(两个内容段落),本论有四个中间话题(四个内容段落),结论有两个中间话题(两个内容段落)。而内容段落里的每个形式段落,在形式和内容上具有统一性和相对完整性,同时又跟整篇文章保持有机的联系。

七、修辞技巧

　　修辞就是用语言文字准确、有效地表达思想感情的技巧。广义地说,它是指对文章的用词、造句,以至谋篇布局的斟酌和推敲,狭义地说是使语言形象生动的一些具体方法,也就是通常所说的修辞方式。这里我们主要讲狭义的修辞技巧。

　　修辞是韩国语写作过程中不可缺少的表现手法。它有助于提高语言的表现力,但必须用得恰当贴切,否则将有损句子乃至文章的表情达意。为写好文章,平时应多欣赏表现手法娴熟的范文,并充分掌握那些技巧。文章的修辞有三个基本形式:即比喻、强调、变化。

1. 比喻法(비유법)

　　比喻就是,两种不同事物彼此有相似点,使用一事物来比方另一事物的修辞方式。比喻一般由三个部分组成,即本体(被比喻的事物),喻体(作比喻的事物)和比喻词(比喻关系的标志性词语)。比喻的作用是要使描述、说明的事物更具体、生动、形象,更容易理解。主要有如下类型。

(1) 直喻法(직유법)

　　直喻法又叫明喻(명유),是通过"~처럼""~같이""~인양""~듯"等表达形式进行说明的方法。直喻是最基本的比喻法,在日常语言生活中也经常使用。

　　(ㄱ) 그 소녀는 한 송이 백합꽃 같다.
　　(ㄴ) 그녀는 항상 나를 오빠인양 생각하였다.
　　(ㄷ) 그가 찬 공이 총알처럼 내 옆을 지나 골 네트를 갈랐다.
　　(ㄹ) 어느 해 같으면 한창 불타 오르듯 보기 좋게 매달렸어야 할 감들이 금년에는 거의 다 떨어지고 몇 개 남은 놈들조차 패잔병처럼 무력했다.

(2) 隐喻法(은유법)

　　隐喻法被称为比喻法之王,又叫暗喻,多是通过"A는 B이다"的形式进行说明的方法,是暗示性的 比喻。有时'A'可以省略。

　　(ㄱ) 그 소녀는 한 송이 백합꽃이다.
　　(ㄴ) 내 마음은 호수요. … 내 마음은 촛불이오.
　　(ㄷ) 오월은 계절의 여왕이다.
　　(ㄹ) 웅변은 은이요, 침묵은 금이요, 사색은 다이어먼드다.

(3) 讽喻法(풍유법)

　　讽喻法是故意隐藏本意,指通过比喻来间接地暗示本意,或让读者推测本意的方法。这种方法又称为讽刺,谚语、格言、寓言等多属此种修饰方法。

　　(ㄱ) 못된 송아지 엉덩이에 뿔이 난다.
　　(ㄴ) 늙은 개는 섭사리 짖지 않는다.
　　(ㄷ) 낮말은 새가 듣고 밤말은 쥐가 듣는다.
　　(ㄹ) 까마귀 싸우는 곳에 백로야 가지마라, 성난 까마귀 흰 빛을 새오나니, 창파에 좋이 씻은 몸 더럽힐까 하노라.

(4) 拟人法(의인법)

　　拟人法是把人以外的事物人格化的修辞方式。

　　(ㄱ) 산을 넘어 어둠이 휘청휘청 걸어오고 있다.

(ㄴ) 깜박이는 별들이 우리를 내려다보고 있다.

(ㄷ) 나무는 덕(德)을 지녔다. 나무는 주어진 분수에 만족할 줄을 안다. 나무는 태어난 것을 탓하지 아니하고, 왜 여기 놓이고 저기 놓이지 않았는가를 말하지 아니한다. 등성이에 서면 햇살이 따사로울가, 골짜기에 내려서면 물이 좋을까 하여, 새로운 자리를 엿보는 일이 없다.

(5) 声喻法(의성, 의태법)

声喻法是通过对事物的状态或动作等直观的表达来表现真实感觉的修辞技巧, 又可称为拟声拟态法。

(ㄱ) 으르릉 콸콸 물 흐르는 소리 요란하다.

(ㄴ) 요리 뒤척 저리 뒤척 잠 못 이루는 밤.

(ㄷ) 싸륵싸륵 눈이 온다.

(ㄹ) 땡땡 종이 울린다.

(6) 代喻法(대유법)

代喻法是指一般本体和比喻词都不出现, 直接由喻体来代替本体的比喻法。这种方法汉语称为借喻。代喻法是形式最简洁, 也最隐蔽的比喻修辞形式, 使用时需要借助具体的语境。

(ㄱ) 사랑은 빵만으로 살 수 없다.

(ㄴ) 금강산이 높다하되 소나무 아래 있도다, 일본해가 깊다하되 모래 위를 흐른다.

(ㄷ) 펜은 칼보다 강하다.

(ㄹ) 시아버니 호령새요, 시어머니 꾸중새요, 동세 하나 한림새요, 시뉘 하나 뽀족새요, 남편 하나 미련새요, 자식 하나 우는 새요, 나 하나만 썩는 샐세.

(7) 重义法(중의법)

重义法是利用语音和语意的条件, 使一个词语或句子在特定的语言环境中带有明暗双重意义的比喻方法。在汉语中称为双关。重义法其语意表达含蓄, 语言幽默风趣, 讽刺性强, 效果鲜明。

(ㄱ) 청산리 벽계수야, 쉬이 감을 자랑 마라. 일도 창해하면 돌아오기 어려워라. 명월이 만공간하니 쉬어 간들 어떠하리.(자연물 지시와 인명)

(ㄴ) 모기 많아 蚊多.(문다, 물어 뜯는다는 뜻, 蚊子叮人)

2. **强调法**(강조법)

强调法是指为给读者留下深刻印象或强调所要表达的内容, 加强对某一事件表述的表现手法。强调的方法有以下几种。

(1) 夸张法(과장법)

夸张法是为满足某种表达需要,对事物的特征、形象、作用、程度等方面着意扩大或缩小的修辞方式。使用夸张法可以强调事物的特征,鲜明地表达作者的情感,引起读者的共鸣。

(ㄱ) 부모의 은혜는 산같이 높고 바다같이 깊다.

(ㄴ) 동생이 눈이 빠지도록 어머니를 기다리고 있었다.

(ㄷ) 운동장에는 사람들이 입추의 여지도 없이 꽉 들어찼다.

(2) 感叹法(영탄법)

感叹法是用感叹句表达感情高潮的修辞方法。使用感叹号"!"以增强视觉效果。常使用"~오!""~아!"等感叹词,或"~구나!""~이여""~도다"等感叹形语尾。在一篇文章里感叹法不能使用太多,正所谓过犹不及。

(ㄱ) 산산히 부서진 이름이여! 허공중에 헤어진 이름이여! 불러도 주인 없는 이름이여! 부르다가 내가 죽을 이름이여! (김소월)

(ㄴ) 오오! 순결한 순결한 진주여! 오오! 아름다운 아름다운 진주여!

(ㄷ) 어머나, 얼마나 사나운 비바람인가!

(3) 反复法(반복법)

反复法是为了突出某种感情,强调某种意思,加深读者的印象,有意重复某些词语或句子的一种修辞方法。(ㄱ)(ㄴ)是语句反复,(ㄷ)是意义上的反复。

(ㄱ) 그는 차디찬 방에서 기나긴 밤을 보냈다.

(ㄴ) 그 사람은 앞을 살피고 또 살피면서 조심스럽게 걸었다.

(ㄷ) 사람은 겸손해야 한다. 곧 자기의 처지와 분수에 맞는 행동을 해야 하는 것이다.

(4) 对照法(대조법)

对照法是把两个相反的事物或相差甚远的事物放在一起,加以比较的修辞技巧。对照法使事物特征更加鲜明。

(ㄱ) 어떤 사람은 팔자 좋아 고대 광실 높은 집에 호가사로 잘 사는듸, 이년의 신세는 어찌하여 밤낮으로 벌었어도 삼순 구식을 헐 수가 없고, 가장은 부황이 나고, 자식들은 아사지경이니, 이것이 모두 다 웬일냐?

(ㄴ) 여자는 약하나 어머니는 강하다

(ㄷ) 인생은 짧고 예술은 길다.

(5) 列举法(열거법)

列举法是罗列类似的词或语句,强调语意的修辞方法。列举法一般是罗列三个以上的词或语句。列举同一个词或语句不是列举法,而是反复法。列举法使文章内容集中,气势增强,节奏鲜明。

 (ㄱ) 우리의 국토는 그대로 우리의 역사이며, 철학이며, 시이며, 정신입니다.

 (ㄴ) 드디어 합격자의 방(榜)이 나붙었다. 자기 번호를 불안한 눈으로 더듬는 자, 벌써 희희락락 꽁닥거리는 자, 훌쩍훌쩍 눈물을 짜는 학생, 기성(奇聲)을 올리는 자, 발표장은 그야말로 장터와 같다.

 (ㄷ) 그런데 인간은 다르다. 동물에 비하면 인간의 밤은 짧다. 같은 인간에 있어서도 어른의 밤은 어린이보다 짧고, 늙은이의 밤은 젊은이보다 짧고, 문명인의 밤은 매개인(未開人)보다 짧다. 만약 현재 연구 중에 있는 인조 인간이 완전히 성공된다면 그에게는 밤이 필요치 않을 것이다. 밤은 진화와 반비례로 줄어들고 있다.

(6) 递进法(점층법)

递进法是把表示同一种意思的几个语句,按照程度的强弱进行排列的修辞方法。目的是使文章产生起伏感,以更好地说服读者。通常是句子程度越来越强,但也有例外。

 (ㄱ) 잠을 자야 꿈을 꾸고 꿈을 꿔야 님을 보지.

 (ㄴ) 신록은 먼저 나의 눈을 씻고, 나의 가슴을 씻고, 다음에 나의 마음의 모든 구석구석을 하나하나 씻어 낸다.

 (ㄷ) 한 사람이 죽음을 두려워하지 않으면, 열 사람을 당하리라. 열은 백을 당하고, 백은 천을 당하며, 천은 만은 당하며, 만으로써 천하를 얻으리라.

(7) 现在法(현재법)

现在法是在叙述已过去的事件或即将发生的事件时,有意识地使用现在时句子,以此来表现身临其境之感的修辞方法。

 (ㄱ) 조용히 문을 열었다. 미스터 강이 의자 등받이에 목덜미를 걸치고 잠이 <u>들어 있다</u>. 고개를 잔뜩 젖히고, 입을 반쯤 벌리고서, 약간 코소리를 내며 잠들어 있는 얼굴을 내려다 보면서, 창애는 묘한 착각을 <u>일으킨다</u>. 어디서 본 듯하자만 익숙한 얼굴이 <u>아니다</u>. 가이도 종잡을 수 없게끔 한 껏 많이 든 것도 <u>같고</u>, 여태 소녀티를 벗지 못하는 것도 <u>같다</u>. 그저 수뭇 고단해 뵈는 것만이 역력했다.

 (ㄴ) 나폴레옹은 개선문을 <u>들어선다</u>. 환호의 박수를 보내는 파리 시민들.

3. **变化法**(변화법)

所谓变化法就是为避免叙述的平淡无奇、枯燥乏味,使文章在形式上产生变化,从而吸引读者眼球的表现方法。变化法有以下几种。

(1) **倒置法**(도치법)

倒置法就是有意颠倒句子的语序,赋予文章生动感和紧迫感,更有效地表达内容的修辞方法。倒置法会给读者留下强烈的印象,使读者容易把握作者要强调的内容。

(ㄱ) 단발머리를 나풀거리며 소녀가 막 달려온다.

(ㄴ) 모란이 피기까지는, 나는 아직 기다리고 있을테요, 찬란한 슬픔의 봄을.

(ㄷ) 나 하늘로 돌아가리라, 새벽빛 와 닿으면 스러지는, 이슬더불어 손에 손잡고.

(2) **引用法**(인용법)

为强调自己的意见或主张,在展开论述时,有时可以通过引用古人或名人的观点、名句、名言等方法来加强效果。引用可以增强文章的说服力,对论述的展开或证明有重要作用。但引用必须符合论述展开的内容,而且应引用广为人知之事,但要避免过多地引用。

(ㄱ) "지자(智者)는 물을 좋아하고 인자(仁者)는 산을 좋아한다"고 공자는 말하였다.

(ㄴ) 옛날부터 "시는 자연의 모방"이라 일컬어 왔고 또 "연극은 인생을 거울에 비추어 보이는 일"이라고 말해 왔다.

(ㄷ) "인간은 생각하는 갈대이다."라고 한 파스칼의 말은 인간 사유(人間思惟)의 본원성을 보인 말이다.

(3) **省略法**(생략법)

省略法就是省略文章的一部分,简洁、含蓄地表达内容的修辞方法。有时"言止而意不尽"胜于"意尽而言止"。适当地进行一些省略更能收到印象深刻的效果。因为遇到省略现象时,读者都极力去填补空白,因此反而起到强调作用。但是省略过多却会导致文章不通顺,应加以注意。

(ㄱ) 바닷가에 서있으면 수많은 소리들이 들려온다. 파도…. 소라…. 갈매기….

(ㄴ) 캄캄하던 눈앞이 차차 밝아지며 거물거물 움직이는 것이 보이고, 귀가 뚫리며 요란한 음향이 전신을 쓸어 없앨 듯이 우렁차게 들렸다. 우뢰 소리가… 바다 소리가… 바퀴 소리가…

(ㄷ) 그 후부터 나는 다시는 그녀를 찾아가지 않았다. 그러나 내 마음은…

(4) **对句法**(대구법)

对句法是把一对结构相同或相似,节奏相等的句子对称地排列在一起,来表达相似、相关或相对意思的一种修辞方法。使用对句法,使文章在形式上结构整齐、顿挫感强,内容上凝练集中、概括力强。

(ㄱ) 호랑이는 죽어서 가죽을 남기고 사람은 죽어서 이름을 남긴다.

(ㄴ) 이성은 투명하되 얼음과 같으며, 지혜는 날카로우나 갑속에 든 칼이다.

(ㄷ) 산에 가야 범을 잡고, 물에 가야 고기를 잡는다.

(5) 反语法(반어법)

反语法就是故意说反话,字面上的意思是这样,而实际含义正好相反。反语法能委婉含蓄而有力地表达感情。

(ㄱ) 너 공부 잘했구나.(공부 못한 성적표를 보고 부모가 꾸짓는 말)

(ㄴ) 너 정말 예뻐 죽겠다.(밉다)

(ㄷ) 아이고, 고놈 참 밉상이네.(곱다)

(6) 反问法(설문법)

反问法是用疑问的形式来表达确定的意思,以加强语气的一种修辞方法。它是无疑而问,表达的意思均包含在问句里。

(ㄱ) 바람도 없는 공중에 수직의 파문을 내며 고요히 떨어지는 오동잎은 누구의 발자취입니까. 지리한 장마 끝에 서푸에 몰려가는 무서운 검은 구름의 터진 틈으로 언뜻언뜻 보이는 푸른 하늘은 누구의 얼굴입니까.

(ㄴ) 그야말로 훌륭한 대학생이 아닌가.

(ㄷ) 흘러간 청춘이 다시 돌아올 수 있으리라고 너는 생각하느냐?

(7) 逆说法(역설법)

逆说法是用表面上互相矛盾的语句,强调所要表达意思的修辞方法。

(ㄱ) 아아, 님은 갔지만 나는 님을 보내지 아니하였습니다.

(ㄴ) 나는 향기로운 님의 말씀에 귀먹고, 꽃다운 님의 얼굴에 눈 멀었습니다.

(ㄷ) 용서한다는 것은 최대의 악덕이다.

实践篇

当我们了解了写作的基本常识和写作理论技巧之后,就应大量进行写作实践。为了学以致用,我们在本篇主要讲授有关传达信息、论证问题、表达情绪、进行交往等日常生活中大量使用的文章写作。并举出相应的例文,以供读者参考。

一、传达信息内容的写作

现代社会是信息化社会,每天都在产生大量信息和知识,正确及时地传达这些信息和知识是非常重要的。将信息和知识传达给别人的文章类型中包括说明文、报告、计划、报道、传记、介绍等。这种文章的特点是内容要客观真实、表达要简单明了,并能引起读者的兴趣和适合读者的水平。

1. 说明文(설명문)

说明文是以说明为主的表达方式。主要是解说事物,阐明事理,向人们提供信息或知识的文章。

说明文的结构大体分为开头、中间和结尾三段。开头一般阐明写作意图或目的,提示说明对象和方法。中间以具体数据和证据说明有关对象,一定要客观真实,且应简单明了,不能模棱两可,还应考虑说明的顺序。最后进行简单的归纳。有时也可省去开头结尾只有一个正文。

훈민 정음의 창제와 우수성

1

우리 민족이 선사 시대에는 그림 문자를 사용했음은 암벽화 등을 통하여 알 수 있으나, 그것을 발전시키지 못하다가, 4세기경에 중국으로부터 한자를 도입하였다. 그러나 '고립어'인 중국어 등에 알맞은 한자는 '교착어'인 우리말에는 잘 맞지 않았다. 그래서 우리 선조들은 한자를 이용하여, '서기체(誓記體), 이두(吏讀), 향찰(鄕札), 구결(口訣)' 등을 만들어 썼으나, 만족스럽지 못하였다.

드디어 15세기에 왕위에 오른 세종은 이에 대하여 크게 깨닫고 새로운 글자를 만들기로 결심하였다. 집현전, 정음청 등을 두어 많은 학자들에게 글자에 대한 공부를 시키고, 새 글자 창조에 힘을 기울려, 마침내 1443년 완성을 하여 시험에 들어갔고, 1446년 우리 글자로 반포하였으니, 그것이 바로 '훈민 정음(訓民正音)' 지금의 '한글'이다.

2

　'훈민정음'의 '서(序)'를 보면, 그것을 창제한 목적과 철학이 깃들어 있다. 그 중 몇 가지를 들어보면 '나라의 말이 중국과 달라 문자가 서로 잘 맞지 아니하므로'에서 다른 특성를 지닌 언어를 하나의 문자로 쓴다는 것이 어렵다는 데서 '언어관'과 '독립 정신'이 엿보이며, "불쌍한 백성들이 하고 싶은 말이 있어도 제 뜻을 능히 표현하지 못한다'는 것에서 '애민 사상'을, "이런 까닭으로 이를 불쌍히 여겨"라는 말에서 '민본주의'를, "새로 스물여덟 글자를 만든다."는 데서 '창조 정신'을, "날로 씀에 편안케 한다"는 데서 '실용주의'를 꿰뚫어 볼 수 있다.

　나아가 '훈민정음'을 만든 학문적 이론을 살펴보면, 언어학·철학·생체학이 융합, 승화되어 만들어졌음을 알 수 있다. 언어학은 이미 인도, 중국을 통하여 들어온 '성운학(聲韻學)'이 기반이 되었고, 철학은 '역학(易學)', 즉 '음양 오행설(陰陽五行說)'이 뒷받침되었으며, '생체학'은 발음 기관을 그대로 본땄다는 점에서 그 이론의 일단을 보게 된다.

　'훈민정음'의 '초성(初聲)', 즉 '닿소리[子音]'는 '아(舌)·설(舌)·순(脣)·치(齒)·후(喉)'로 나누고, '아음'은 '혀뿌리가 목구멍을 막은 모양[舌根閉喉之形]", '설음'은 '혀가 윗잇몸에 닿은 모양[舌附上顎之形]', '순음'은 '입 모양[象口形]', '치음'은 "이 모양[上齒形]', '후음'은 "목구멍 모양[象喉形]"을 각각 본떠서 기본자 'ㄱ, ㄴ, ㅁ, ㅅ, ㅇ'을 만들고, 이 글자에 가획을 하여 'ㅋ, ㄷ, ㅂ, ㅈ, ㆆ', 다시 가획하여 'ㅌ, ㅍ, ㅊ, ㅎ'을 만들었다. 여기에 반차음 'ㅿ', 반설음 'ㄹ'을 넣고, 특이한 아음 'ㆁ'을 첨가한 것이 초성 체계가 되는 것이다. 이는 현대의 음운론으로 보아도 완벽한 음운 체계다.

　'중성(中聲)'은 우주의 기본인 '사람(人)·하늘(天)·땅(地)'을 본딴 'ㅣ' '·' 'ㅡ'를 기본으로 하고, '사람'과 '땅'을 중심으로 '왼쪽·오른쪽', '위·아래'에 '하늘'을 배합하여, 'ㅓ, ㅏ, ㅜ, ㅗ, ㅕ, ㅑ, ㅠ, ㅛ'가 되나, 사실은 필요하다면 이와 같은 방법으로 무궁무진하게 '중성'을 생성해 낼 수 있다.

　'종성(終聲)'은 '초성을 다시 쓰면 된다(終聲復用初聲)"고 하였으니, 오늘날 변이음, 종성 규칙, 형태소 표기의 원리에 어긋남이 없는 선견지명이라 아니할 수 없다.

　이렇게 창제된 '한글'은 우리말의 표기에 불편함이 없을 뿐만 아니라, 바람 소리, 물 소리, 곤충의 소리 등도 그대로 적을 수 있고, 어떤 외국어라도 모두 쓸 수 있는 훌륭한 글자다. 이는 아마도 훈민정음을 만들 때 많은 학자들(예컨대, 성삼문, 신숙주 등은 요동을 열세 번이나 다녀왔다고 한다)에 의하여 당시에 세계 여러 나라에서 사용되던 훌륭한 글자의 장·단점을 모두 연구하여, 그 장점만을 받아들였기 때문이 아닌가 한다. 실제로 당시의 로마자, 파스파 문자, 아라비아 문자, 몽골 문자, 만주 문자, 한자를 모두 연구 응용했다는 근거가 있다.

3

　우리는 말로만 우수한 민족이며 반만년에 빛나는 역사를 지니고 있다고 자랑할 일이 아니다. 물론 불국사나 석굴암, 팔만 대장경, 고려 청자, 조선 왕조 실록 등 자랑할 것이 많은 것은 사실이다. 그러나 우리말 뿐만 아니라, 자연의 소리, 외국어 등을 마음대로 적을 수 있는 한글을 가지고 있음은 그 무엇보다도 자랑스런 일이다. 만약 그렇지 못하여, 옛날처럼 한자로 써야 한다거나, 영어 알파벳이나 일본 글자로 우리말을 써야 한다고 가정해 보자. 그 어려움과 혼란스러움과 비경제적 상황은 상상을 불허한다. 우리글을 사랑함은 곧 우리 나라를 사랑하는 것이며, 우리 민족, 우리 문화를 사랑하는 것임을 다시 한 번 강조해 두고자 한다.

태극기

　태극은 원래 우주의 생성 원리와 인생의 생활 규범을 그려 놓은 것이라고 한다. 태극이 그려진 것은 얼마나 오래전인지 잘 모른다. 중국 사람들은 반신반인이라고 하는 태고의 복희씨가 그렸다고 한다. 태극은 중국 고전인 역경에 나오는 그림인데, 역경은 고대의 철학 개론과 같은 것이다.

　태극기에는 밖으로 네 글자가 적혀 있고, 가운데 원이 있은 후, 그 원이 두 빛깔로 갈리고 가운데 금이 S자형으로 되어 모든 만물의 생성 운행을 표시하게 되었다. 그리고 이 태극은 원의 중심점이다. 옛날 한글에 태극점이라는 것이 있었다. 음으로 말하면 모음(元音)의 모음(基本音)이요, 사물로 말하면 만물의 어머니다. 태극점을 싸고 있는 원을 무극이라고 한다.

　무극은 우주와 세계와 인생의 조화된 전체를 말하고, 태극은 우주와 세계와 인생의 통일된 중심체를 말하며, 양의는 우주와 세계와 인생의 발전되는 움직임을 말해 준다. 조화와 통일과 발전, 이 세 가지의 기원이 우리 태극기에 담겨져 있을 것이고, 경제·정치·문화·사회의 이상적인 실현이 우리 태극기의 소원일 것이다.

사슴

　사슴은 원시 시대 암각화에 나타나는 대표적인 동물이다. 이는 우주의 반구대 암각화와 그 가까운 곳의 천전리 암각화에서 볼 수 있다. 즉, 종교나 생활면에서 청동기 시대 이전부터 이미 인간과 사슴이 깊은 관계를 맺고 있었음을 보여 준다. 그리고 고분 벽화에서 호랑이와 더불어 나타나는 사슴은 중요한 사냥감이었다.

　사슴뿔은 왕권의 상징으로서 큰 의미를 지닌다. 신라의 일부 왕관에서 그 모습을 볼 수 있는데, 나무와 새의 날개 및 사슴뿔 모양으로 장식되어 있다.

　나무와 새 날개와 사슴뿔이 왕권을 상징한다는 것은, 이들 세 물건이 상호 연관되어 어떤 전체적 체계를 형성하고 있음을 의미한다. 즉, 새가 하늘이면 사슴은 대지이며, 나무는 하늘과 대지를 이어 주는 기둥이기 때문이다. 따라서, 이 세 가지는 한데 어울려 신라인의 전체적인 세계상을 표상하게 되었다. 여기서 우리는 신라 왕관이 지녔던 우주적 차원에 관한 추정도 가능해진다.

2. 报告(보고문)

　　报告是为了某种目的进行调查、观察、实验、研究并将其经过和结果加以整理,然后提供信息和知识的文章。报告的结构是开头一般写调查或研究的动机和目的,提示调查计划和方法。正文写报告内容和调查结果,最后写调查者的个人意见和感想。

강원도 홍천군 지역 구비문학 학술 조사 보고서
○○대학교 국어국문학과

1. 머리말

　　이 보고서는 본 대학 국어 국문학과 학술 조사반이 2015년 7월 22일부터 2015년 8월 21일에 걸쳐 강원도 홍천군 지역을 중심으로 구비 문학 자료를 조사하여 분야별로 분류·정리한 것이다.

　　이 조사에 참여한 단원은 다음과 같다.(생략)
　　홍천군의 역사와 답사 지역을 소개하면 다음과 같다.(생략)
　　제보자는 다음과 같다.(생략)

2. 구비 문학 자료

　　조사한 자료는 편의상 전설, 설화·민담, 민요로 분류하여 기술한다.

　(1) 전설

　　● 며늘취

　　옛날에 며느리가 살았거든. 근데 시어머니가 밥을 안줘. 하루는 며느리가 밥을 몰래 훔쳐 먹었다. 시어머니가 이걸 보고는 며느리를 주걱으로 때렸어. 밥 훔쳐 먹는다고. 그래 그 며느리가 그만 죽어 버렸어. 죽었는데 원통해서 며늘취가 됐대. 지금도 석화산 밑에 가면 그 꽃이 펴.(이하 생략)

　(2) 설화·민담

　　● 무수왕(無愁王)

　　옛날에 한 양반이, 아주 양반도 아니고 아주 상놈도 아니고 대충 서민 중간층인지 그랬는데, 돈이 많아요.(이하 생략)

　(3) 민요

　　● 회다지 노래

　여쭙소사 지원님네
　(후렴: 워허이 달호야)
　이내 말쌈을 자세히 듣소
　산지 저쪽은 곤륜산이요(이하 생략)

3. 맺는말

   이번 조사를 통하여 홍천군 지역의 구비 문학 자료를 많이 수집할 수 있었다. 이 자료는 이 지역 주민들의 삶과 얼이 깃들어 있는 것으로 국문학과 구비 문학 연구에 큰 도움이 된다.(이하 생략)

3. 计划(계획서)

计划是指为完成某些事情制定的计划。计划可包括国家政府计划，公司计划或教师讲课计划，学生活동 계획 등.

2014년 겨울 방학 중학교 운영 계획

1. 목적

   추운 겨울철을 맞아 교육의 장을 가정으로 옮겨 학생들이 스스로 계획하고 실천하는 자주성을 기르며 즐거운 겨울 방학이 되도록 한다.

2. 방침

   가) 학습 과제는 개개인의 능력에 따라 제시하되, 독서 활동, 실험 실기 중심 현장 체험 교육, 탐구하는 강의적인 생활이 이루어지도록 한다.
   나) 건강과 안전 생활 지도에 만전을 기한다.
   다) 교육 공무원법 제41조에 의거하여 연수 휴가를 통한 자기 연수에 힘쓴다.
   라) 당직 근무를 철저히 하여 학교 관리에 소홀함이 없이 한다.

3. 세부 계획

   가) 방학 기간: 2014.12.27~2015.2.7
   나) 학습 과제 지도
   (1) 가정 학습 과제 - 방학 과제 능력별 적정 제시(단계별 및 개인 차를 고려한 과제 제시)
   (2) 탐구 생활 지도(해결 방법 안내 12.28-29)(이하 생략)
   다) 생활 지도
   (1) 하루 생활 계획과 방학 기간 중 일정별 계획표, 부모님과 협의하여 작성하고 실천, 반성할 수 있게 한다.
   (2) 규칙적인 생활하기(일상 생활 계획표 작성)(이하 생략)
   라) 교직원의 관리
   (1) 직원 근무(이하 생략)
   (2) 당직 및 근무조 근무 요령(이하 생략)
   마) 방학 중 집단 연수 계획(이하 생략)

4. 报道(기사문)

报道是将我们生活中发生的有价值的事情,以个人体验或见闻的形式加以记录的文章。报道可分为多种形式,有代表性的是新闻报道。

新闻报道的结构一般包括标题、副题、前文、正文等。标题是表示报道的核心题目。副题是在大的报道文章中,为了补充标题而使用的,字体比标题要小。前文是将报道的内容以压缩形式表示。正文要详细介绍报道内容,并符合"六何原则",即谁(who)、什么时候(when)、在哪里(where)、什么(what)、为什么(why)、怎么样(how)。新闻报道还要做到迅速、准确并令人信服。

반달곰 네 마리 지리산 방사한다
—내달 하순, 자연 종과 교배 유도

새끼 반달가슴곰(천연 기념물329호) 네 마리가 다음달 하순 지리산에 방사(放飼)된다.

국립 환경 연구원은 19일 지리산 지역에 서식하고 있는 반달가슴곰이 근친 교배로 도태, 멸종될 우려가 있어 농가에서 사육해 온 반달가슴곰 암수 두 마리씩을 방사키로 했다고 밝혔다.

지난해 11월 서식이 확인된 지리산 반달가슴곰은 다섯 마리 미만인 것으로 추정되고 있다. 방사될 새끼 반달가슴곰은 국내 농가에서 사육 중인 2천여 마리 가운데 유전 검사를 통해 국내 곰과 같은 아종(亞種)인 어미곰이 낳은 것이다.

올 봄에 태어난 새끼곰은 어미로부터 떨어진 뒤 2개월 동안 이유식을 먹었으며, 현재 전남 구례군 문수면 지리산 국립 공원 내에 설치된 4백50여 평 규모의 방사장에서 사람과 접촉이 차단된 채 자연적응 훈련을 받고 있다.

연구원은 다음 달 하순 곰에게 전파 발신기를 부착한 뒤 방사, 반달가슴곰의 생존 여부와 행동 습성, 먹이, 서식지 등을 추적 조사할 예정이다. 또 연구원은 이번 방사가 성공할 경우 다른 지역으로 반달가슴곰 방사 사업을 확대할 계획이다.

5. 传记(전기문)

传记是将现实存在和曾经存在的人物,以其与众不同的人生轨迹或经验为基础进行记录的文章。

传记的结构可包括人物出生、时代背景、家庭环境、家族关系、童年时期、性格形成过程、教育、婚姻、人生观、业绩及遗训等。一般是抓住重点按时间顺序叙述,文章中要尊重事实,不能夸张或歪曲,但可以以事实为依据发挥作者想象力,对人物的心理或对话进行描写。传记还要做到符合逻辑,经得起历史的检验,写法带有文学艺术色彩。

박은식

박은식(朴殷植)은 1859년 음력 9월 30일 황해도 황주군 남면에서 한 농촌 서당의 훈장이었던 박용호의 아들로 태어났다.

박은식의 부모는 아들을 모두 5형제를 낳았으나, 넷은 모두 아기 때 잃고 박은식만 살아 남아 외아들이 되었다. 박은식은 어려서부터 총명하였다. 그는 하나를 들으면 열을 깨닫는 뛰어난 재질을 보였다.

박은식은 서당에 입학하자 얼마 되지 않아서 곧 시문으로 두각을 나타냈고, 서당에서의 특출한 재주가 인정되어 부근 일대에서 신동이라는 이름을 들었다. 그는 재주가 출중했지만 그 중에서도 문장력이 단연 뛰어났던 것으로 보인다. 박은식의 아버지는 재주 있는 아들을 출세시키기 위해 과거 공부를 시켰으나, 재주 있는 청년들이 자주 그러한 것과 같이 박은식은 점차 과거 공부에 회의를 느끼게 되었다.

세종 대왕

세종 대왕은 서기 1397년 5월 15일 조선 3대 임금인 태종의 셋째 아들로 태어났으며 휘는 도, 자는 원정이다.

세종 대왕은 1418년 8월 10일(음력) 아버지 태종의 내선을 받아 조선 제4대 임금에 올랐다. 천성이 어질고 부지런하였으며 학문을 좋아하고 취미와 재능이 여러 방면에 통하지 않음이 없었다. 정사를 펼침에 있어 국민을 사랑하고, 국민의 어려운 생활에 깊은 관심을 가져, 국민을 근분으로 한 왕도 정치를 베풀었다.

집현전을 두어 학문을 장려하고 많은 인재를 길렀다. 특히 우리 겨레의 문화를 높이는 데 기본이 된, 찬란한 문화 유산인 훈민정음을 창제하였다.

또한 측우기, 해시계 등을 발명·제작함으로써 농업과 과학기술을 발전시키고, 군사적으로는 북쪽에 육진을, 남쪽에는 삼포를 두어 국방을 튼튼히 하였으며, 의술과 음악, 방대한 편찬 사업, 법과 제도의 정비, 수많은 업적으로 나라의 기틀을 확고히 하였다. 세종 대왕은 1450년(세종 31년) 4월 8일 수하하였으며, 경기도 여주군 능서면 영릉에 안장되어 있다. 사적 제195호이다.

二、论说文的写作

我们在日常生活中有时想让别人同意自己的意见或引导他人按自己的意愿思考或行动。此时所写的文章有议论文、演说、建议、广告等。此类文章结构首先是要表明自己的观点,即提出论点然后说明自己主张的核心内容,并阐明恰当有说服力的论据。文章使用的用语应简单明确,力求使对方接受自己的主张并一起行动。

1. 议论文(논설문)

　　议论文是对某些社会问题、现象及事实表明自己想法或意见而写的文章。其中包括社论、评论和短评等。议论文的结构包括序论、本论和结论。序论首先提出自己的主张,说明写文章的动机或目的并交代有关背景,以期引起读者的兴趣。

　　本论要有充分证明自己主张或见解的论据并提出实现方法。而本论还可细分成小的主张,同样应提出理由和实现方法。

　　结论是将本论中阐述的见解或方法加以归纳,并再次强调自己的主张正确。

　　议论文还应做到逻辑严密,用词准确,所提问题恰当具体。

한국 농업의 장래

　　우루과이 아운드 협정 이후, 우리나라 농업의 존립 가능성에 대해 회의적인 견해를 표하고 있는 사람들이 많다. 우리나라의 농업은 대외적으로는 농산물의 수입 개방에 대응하고, 대내적으로는 취약한 생산 기반을 확충해야 한다는 두 가지의 난제를 안고 있다. 이러한 어려운 여건 속에서, 우리나라의 농업이 새로운 경제 질서에 대응하지 못하면, 전체 산업 분야에서 농업은 더욱 그 규모가 위축될 수밖에 없을 것이다.

　　어느 나라든지 그 나라의 국민이 필요로 하는 식량의 안정적인 공급을 이루기 위해서는 적정 수준의 농업을 유지하고 있다. 국토 자원의 효율적인 이용과 환경의 보전이라는 차원에서도 농업은 필수적인 산업이다. 우리나라의 경우도 마찬가지이다. 물론, 우리나라의 농업에서 그 경쟁력이 다른 부문과 비교할 때, 크게 떨어지고 있는 점이 문제가 된다. 하지만 그것은 농업 기술의 고도화, 자본의 집중화 등을 통해 어느 정도 극복할 수 있으리라 생각한다.

　　우리나라의 농업을 발전시키기 위해서는 우선 쌀 중심의 곡물류 생산에 주력해 온 영농 패턴을 바꾸지 않으면 안 된다. 평야를 중심으로 대단위 전업농이나 위탁 영농 회사를 설립하여 주곡인 쌀 생산을 전담하게 하고, 소규모의 쌀 생산 농가의 생계를 위해 수익성이 높은 특용 작물 등을 재배할 수 있도록 지원해야 한다. 농산물의 수입 자유화에 직접적인 영향을 덜 받는 부문을 특성화하여 경쟁력이 있게 육성하는 것도 필요하다.

　　새로운 경제 질서와 산업 체제에 맞추어 농업의 전문화가 이루어져야 한다. 한 농가에서 여러 작물을 복합적으로 경작하는 것이 아니라, 경쟁력이 있는 하나의 작물에 집중하는 전문적인 영농이 이루어져야 한다. 농업의 기계화도 시급한 과제이다. 생명 공학 등의 첨단 과학 기술이 농업에 도입되고 고도화된 생산 기술을 이용한 과학 영농이 이루어져야 한다.

　　농업의 발전을 위해서는 농민들이 농촌에서 아무런 불편이 없이 살아갈 수 있도록 농촌의 생활 환경을 개선하는 일도 중요하다. 유휴 농업 인력을 할 수 있는 농공 단지를 확대하여 농민들의 취업기회를 제공해 주어야 한다. 농민들의 생활 환경이 도시와 마찬가지로 개선되고 경제적인 여유가 생기게 된다면, 농민들의 이농 현상은 더 이상 나타나지 않을 것이다.

어느 나라의 경우든지 농업은 그 나라의 생존 기반이 되고 있다. 우리 농업의 경쟁력을 강화하기 위해서는 정부의 과감한 농업 분야에 대한 투자가 있어야 하며, 국민 모두가 농업의 중요성을 인식하고 우리의 농산물을 애용해야 한다.

2. 演说(연설문)

演说是以听众为对象而写的文章。演说也是将自己的意见或主张向听众表明的一种独创性文章,实际也是一种议论文。演说的结构是开头提出引起听众关心的话题。本论是为解决话题的说明。说明时,可通过比喻、例示、引用等多种方法消除听众的疑虑。结论部分要总结前面的内容,进一步强化听众的认识。演说内容应简洁充实,坦率诚恳,抓住人心,使听众能留下深深的记忆。演说还要掌握好时间和使用敬语。

소개 연설문

여러분! 안녕하십니까? 저의 이름은 ○○○입니다. 이 자리에 계신 여러분께 두서없이 인사를 드리게 되어 대단히 송구스럽습니다.

저는 많은 사람 앞에 나서면 얼굴이 붉어지고, 간이 콩알만 해지며, 음성이 떨리는 경우가 많았습니다. 그래서 나도 모르는 사이에 남 앞에 나서는 것을 피하고 두려워하다 보니 매사에 긍정적인 생각보다는 부정적인 생각을 가지고 세상을 살아온 것 같습니다. 그러다 보니 저의 마음 속 깊이 가지고 있는 하고 싶은 말들을 남한테 제대로 전달하지 못하여 손해를 본 적도 많이 있었습니다. 하나, 앞으로는 저의 자존심을 버리고 나 자신을 내가 이겨서 소심하던 성격을 대범하게 바꾸고, 모든 일에 자심감 있는 사람이 되어 차후에 이 시대의 최고의 리더가 되어 제 인생을 멋지게 살아가겠습니다.

지금까지 저에게 용기를 주시고, 끝까지 경청하여 주신 여러분께 진심으로 감사드립니다.

회갑연설의 감사 연설문

오늘, 저의 아버님의 회갑연을 축복하고 빛내주시기 위하여 이렇게 자리를 함께 해 주신 일가친척 여러분과 주민 여러분, 그리고 내외 귀빈 여러분께 진심으로 감사의 말씀을 드립니다. 조촐한 잔칫상을 마련하였습니다만, 이렇게 성황리에 참석하고 축하를 해 주시니 자식된 도리로서 정말 부끄럽고 감사한 마음 금할 길이 없습니다.

특히, 지난 30여 성상 동안 저희 5남매를 기르시느라고 밤낮을 가지지 않고 고생하신 아버님께 감사의 말씀을 드리면서, 아버님의 회갑을 진심으로 축하드립니다. 그리고 부부는 일심동체라고 하였으므로 오늘은 어머님의 회갑이라고도 할 수가 있습니다. 아버님, 어머님, 그동안 정말 고생 많이 하셨습니다. 이제 회갑을 맞이하셨으니 저희 자식들과 손자 손녀들의 절을 받으시고, 그 동안 검은 머리가 백발이 되도록 고생한 결실로 자식들이 이만큼 성장하고 번창했구나 생각하시면서 조금이나마 위안을 삼으시기 바랍니다.

　아버님, 어머님, 이제부터라도 건강을 돌보면서 오래오래 사십시오. 인생의 5복 중에서 장수하는 것이 제일이라고 하였습니다. 저희 5남매도 아버님, 어머님의 정성에 조금이나마 보답해 드리기 위해서 앞으로 더욱더 열심히 일하고, 자식된 도리를 다할 각오입니다. 오늘 조촐한 잔칫상이나마 마음껏 그 동안 어려웠던 일들을 말끔히 잊으시고 화락의 시간을 가지시기를 바라면서, 이상으로 인사에 갈음합니다.

환영연설문

여러분, 안녕하십니까!

　중국에는 "친구가 먼 곳에서 왔거늘 어이 기쁘지 아니하랴"라는 옛말이 있는데, 이번에 이렇게 많은 분들이 중국 관광을 와주시니 저희들은 정말 기쁘기 그지없습니다. 저는 왕홍이라고 부르는데 가이드입니다. 우선 제가 저희 여행사와 동업자를 대표하여 여러분의 방문에 진심으로 되는 환영을 표합니다. 저희들이 이렇게 여러분을 진심으로 환영하는 이유는, 여러분이 관광객이실 뿐만아니라 중국 인민의 존귀한 손님이며, 저희들에게 귀국 국민들의 우정을 가져오셨기 때문입니다. 저희들은 여러분의 방문을 통하여 귀국 국민에 대한 중국 인민들의 경의와 우정도 꼭 전해질 것이라고 믿어 마지 않습니다.

　그럼 아래 여러분들에게 저희 동료를 소개해 드리겠습니다. 이 분은 중국 역사와 민속, 인문, 지리에 관한 풍부한 지식과, 다년간의 관광 가이드 경험을 소유하고 있는, 저희 국제여행사 가이드 정민입니다. 이 분은 상기민 기사입니다. '안전제일'을 신조로 삼는 훌륭한 기사입니다. 이 분의 차량 넘버를 꼭 기억해 주십시오. 1-7-5-8-8. 오늘부터, 저희들은 여러분의 이번 중국 관광이 즐겁고 추억에 남는 여행이 될 수 있도록 최선을 다하겠습니다.

　중국은 세계문명고국의 하나로 5천여 년의 긴 역사를 갖고 있습니다. 한편, 중국은 또한 1949년에 건국된 나어린 신생국가이기도 합니다. 여러분은 이번 관광에서 옛중국의 역사 명소와 고적을 돌아볼 수 있을 뿐만 아니라 신중국의 개혁개방의 새로운 성취도 볼 수 있을 것입니다. 중국의 전통문화 뿐만 아니라 현대 국민의 생활방식, 여러 소수민족의 풍속 습관, 근년래에 나타난 새로운 기풍, 새로운 현상도 볼 수 있을 것입니다. 그리고, 중국인의 손님을 열정적으로 접대하는 전통이 여러분에게 아름다운 기억으로 남을 것이라고 믿습니다.

　마지막으로 동업자를 대표하여 중국 체류중 여러분들이 부디 건강하시고 하루하루를 즐겁게 보내시길 기원합니다. 감사합니다.

환송연설문

존경하는 팀장, 관광객 여러분!

　시일이 빨리 지나 벌써 내일이면 귀국 하셔야 되는군요. 저는 저희 여행사를 대표하여 여러분들께 감사의 인사를 올립니다. 두 주일 전에 만났을 때는 좀 서먹서먹한 사이였었는데, 이제는 정말 좋은 친구가 된 것 같습니다. 내일이면 여러분과 석별의 정을 나누어야 하겠지만, 여러분들이 사랑하는 가족들이 기다리는 조국으로 돌아가신다고 생각하니 기쁨을 나누고 싶습니다.

　여러분의 중국 방문에 다시 한번 감사드리며, 짧은 기간이었지만 구경하시고 경험하신 일들이 중국을 이해하는 좋은 계기가 되었으면 하고 생각합니다. 여러분들을 통하여 귀국 국민에 대한 중국 인민의 경의와 우정이 전해진다면, 이것이 중한 두 나라간의 협력의 좋은 촉매제가 될 것입니다. 여러분들의 적극적인 협조와 열정적인 지지로 이번 여행이 순조롭게 마감을 하게 되었다고 생각합니다.

　중국의 관광업은 아직 역사가 길지 않아 여러면에서 불편한 점이 많았을 것이고 또 저희들의 안내에도 실수가 있었을 것이라 생각됩니다. 우선 여러분의 협조에 감사드리면서, 이번 여행을 통해 시정해야 될 사항이나 금후의 사업에 도움이 되는 말씀들이 있으면 지적해 주시기를 바랍니다."두 산은 마주 칠 수 없지만, 두 사람은 마주 볼 수 있다."는 중국의 속담처럼 훗날 다시 만나기를 바랍니다.

　마지막으로 여행사와 제 개인의 이름으로 우리 두 나라의 친선과 여기 참석한 모든 분들의 건강을 위하여 건배할 것을 건의합니다. 건배!

3. 建议(건의문)

　建议是个人或团体为对某个问题表明意见或希望时,而向其他个人或团体提出意见的文章。

　建议的结构是首先介绍自己是谁,然后说明建议事项是什么问题,该问题怎么解决,为使对方能够接受自己的建议,建议要有恳切的态度,并对对方使用正确的称呼和敬语。

　最后,还要向对方表示敬意并对对方能阅读自己的文章表示感谢。

지하철 안내 방송에 대한 건의문

　지하철 안내 방송 담당 책임자님께

　시민들의 발이라 하는 지하철을 운행하시느라 얼마나 수고가 많으십니까? 저는 고등 학교 1학년 학생인 ○○○이라고 합니다. 이렇게 편지를 드리는 것은 다름이 아니라, 지하철 안내 방송과 관련하여 시민들의 의견을 전달하고자 하는 것입니다.

　지하철이나 기차 안내 방송을 할 때 우리말과 영어를 함께 쓰는 일은 더 이상 낯선 일이 아닙니다. 88년 서울 올림픽을 계기로 시작되었다고 알고 있습니다. 물론 사람들은 그냥 그런가 보다 하고 무심하게 지나가는 경우가 대부분입니다. 또, 그 방송을 듣고 있는 사람들이 대부분 우리 나라 사람들이기 때문에 영어로 말하는 것을 잘 알아듣지도 못합니다. 더욱이 만원인 차 안에서 이리저리 몸을 돌리기조차 힘겨운데 방송에 주의를 기울이는 사람이 몇이나 있을까요. 한편, 영어 방송을 하는 것은 오늘날 국제화 시대의 자연스런 흐름이므로, 이를 당연하다고 생각하는 사람도 있을 것입니다.

　영어 방송은 그만큼 우리의 수준이 세계로 열린 것임을 증명해 주는 것이라고 생각할 수도 있습니다. 우리를 찾은 외국인들이 길을 찾는 데 도움을 주자는 것도 일리가 있습니다. 관광 산업의 측면에서 도움이 되겠지요. 그러나 우리말에 대한 중심을 잡는 것이 필요하다고 생각합니다. 우리말을 사랑하는 마음을 갖고, 실제로 아끼고 사랑하는 가운데 세계화를 이야기해야 한다고 봅니다.

　가장 세계적인 것은 우리다운 것이라는 말도 있습니다. 더욱이 영어를 지나치게 많이 사용하고, 심지어 영어를 사용하는 것이 유식하고 세련된 것으로 여기는 풍토가 점점 더 확산되어 가고 있는 것이 우리의 현실입니다. 간판이나 상품의 이름은 이제 더 이상 우리의 말이 없을 정도입니다. 또한 우리의 국력이 세계 수준에 이르렀다면, 우리말도 세계 수준으로 자리매김해야 한다고 봅니다. 외국의 대학에 한국어과가 하나둘 늘어 가는 것도 그런 현상이겠지요. 프랑스의 경우만큼 자국어를 고집스럽게 내세울 것까지는 아니더라도 우리말을 좀 더 당당하게 세계인들에게 내놓아야 한다고 생각합니다. 저는 결코 이것이 우리 국력을 신장하는 데에 손해가 되지 않으리라 확신합니다.

　근무 여건이 어려운 가운데에서도 우리 시민들의 편의를 위하여 수고하시는 여러분들께 다시 한 번 감사드립니다. 이제 영어 방송이 굳이 필요하지 않다는 저의 생각을 깊이 헤아려 주시기 바랍니다.

○○○ 올림

4. 广告(광고문)

　广告是为宣传销售商品以及吸引旅游者或招募新生、新工作人员等而写的文章。

　其中,商品促销及吸引旅游者的广告由标题和正文组成,标题由简要的大字组成,正文由小字具体说明。

　新生、新人员招募的广告是要写明募集的人数、考试日期、应试要求、提交的文档、所招人员的工作范围及资格等。

　广告,特别是商品广告,标题应当简洁、含蓄、新颖。正文应当以简洁的语言,明确商品的特性、优点、价格及购买方法,特别要抓住购买者的心理,诱导购买行为。为了达到好的效果,还可以配上照片、图表等。

젓가락을 쓸 줄 아는 외국인이 늘었습니다

젖가락을 쓸 줄 아는 외국인이 늘었습니다
대한민국의 맛있는 전통음식들이
세계적으로 인기가 높아지고 있습니다
한국관광공사는 우리나라의 전통음식을
세계에 널리 알림으로써 우리나라를 찾는
외국인들을 더 많이 유치하고 있습니다
우리 음식을 사랑하는 외국인이 많아질수록
대한민국은 관광 선진국으로 더욱 다가섭니다.

한국관광공사

사원모집

당사는 자동차부품 제조업체로서 아래와 같이 근면한 생산직 사원을 모집합니다.

모집부문	인원	응시 자격
생산직	남녀○○명	성별무관, 학력무관, 초보기능, 주야가능자
영업납품	남 ○명	1종보통운전면허, 자동차부품 제조 유경험자

제출서류: 이력서, 사진, 주민등록등본 지참
혜　　　택: 4대보험, 중식제공, 퇴직금, 상여금 300%, 통근차량 운행
근 무 지: ×××시 ×××면 999-66
전　　　화: 099)333-8787

(주)○○○이노텍

三、表达情感的文章写作

人们总是本能地要表现自己的欲望,而无论谁都有喜怒哀乐的感情。将这些我们生活中的感受和想法记录下来的文章有日记(일기)、游记(기행문)、感想(감상문)、文艺文(예술문)等。

此类文章的特点不仅是自身生活的记录,而且要经过艺术加工,使读者受到感动和启迪,而自己通过对生活轨迹的回顾,思想也会得到升华。

这类文章一般都有一定的格式,但是又不能受到格式的束缚,应当写出能够很好地表达情绪的有创意的文章。

1. 日记(일기)

日记是将一天生活中具有价值且印象最新的事情加以记录的文章。日记的结构一般开头为年、月、日、星期及天气,正文为当日发生的事情及感想和反思,结语为第二天的预定计划。日记应当写出真实思想,避免成为流水账,最好每天定一个主题,采取多种形式写作。

12월 15일, 금요일

　나는 아주 어렸을 때부터 강아지를 키우고 싶었다. 학교에서 돌아오는 길에 주택이 많이 있는데, 그 중 한 집에 강아지가 한 마리 있다. 그다지 잘 생긴 놈은 아니지만 그래도 나는 한참을 멈춰 서서 강아지를 바라보곤 한다. 나도 저런 강아지를 한 번만 키워 보았으면 하는 생각을 하면서 집으로 다시 돌아온다.

　우리 집은 아파트이다. 그래서 부모님께서는 강아지를 절대로 키울 수 없다고 하신다.

8월 2일, 목요일, 맑음
호박전

온 가족이 정성으로 가꿔 곱게곱게 여문 호박과 고추.
엄마의 일등 요리 솜씨로 부친 고추 든 호박전 자꾸 손이 간다.
긴 젓가락으로 먹음직스러운 전을 입에 넣으시는 아빠.
"이렇게 맛있는 걸 무엇에다 비기겠니?"
프라이팬에서 따스한 전을 접시에 옮겨 담으시는 엄마.
"무공해와 건강에 좋으니 잘 먹어 둬라."
온 식구가 이야기하고 웃으며 맛있게 먹는 호박전.
번갈아 찢어 먹는 동생과 나.
"고추가 좀 맵지만 참 맛있네."

2. 游记(기행문)

　游记是在旅游中以自己的体验为材料,写出自己的见闻和感受的文章。游记的开头是写旅行的目的动机,离开时的气氛及对旅行的期待。正文写新的见闻、感受、当地的风俗及方言、旅行中的诗画及照片等,最后是整个感想。游记可以用多种形式写作,既可以采取日记的形式,又可用书信或随笔的形式。

불국사 기행 (수학 여행)

여장을 풀고 나서도 마음은 여전히 설레었다.

도착하자마자 찾은 곳은 불국사였다. 긴 열차 여행의 피로 속에서도 신라 천년의 발자취에 취해 버린 듯 입가엔 웃음꽃이 활짝 피었고, 어느덧 제일의 고고학자요, 사진 작가가 되어 있었다.

뜬눈으로 밤을 새우고 이튿날 이른 새벽에 토함산 정상을 향했다. 정상에 오르는 행렬은 일출 광경만큼이나 밝고 경쾌하였다. 아침을 먹은 뒤 바로 버스에 올랐다. 동해안을 끼고 늘어선 산업 시설을 지켜보는 친구들의 눈초리는 여느 때와는 달리 진지하기만 했다. 특히 울산조선소의 웅장한 자태와 포항제철의 규모엔 놀람과 경탄을 금할 길이 없었다.

사흘째는 시내 고적을 관람하고 박물관, 반월성, 계림 등지를 관광하였다. 3박 4일이란 짧은 일정으로 그 많은 조상들의 숨결을 더듬어 본다는 것은 너무 부담스러운 것이 사실이었다.

마지막 날에는 천마총 관람을 한 뒤 여행의 모든 일정을 마쳤다. 돌아오는 버스 안에서 일행들은 조금씩 지친 듯, 간간이 지난 며칠간의 얘기를 나누는 소리만 들렸다. 잠시 차창 밖으로 고개를 내밀어 지나온 길을 되돌아보았다. 눈앞에 웅장한 불국사의 모습과 거대한 울산조선소, 포항제철, 그리고 많은 이들의 아름다운 모습들.

천년 고도의 아름다운 역사와 전통을 지키면서 한편으로는 현대 산업을 힘차게 일구어 나가는 이 지역을 답사할 수 있었다는 데 생각이 미치자 무한한 보람을 느꼈다.

3. 感想(감상문)

感想是人们将生活中所见、所闻及经历,写成表达内心感受或想法的文章。根据感想的对象可有生活感想、电影感想、音乐感想等。而最经常写的感想是读书感想。读书感想的结构如下:开始写书的题目和作者的名字并写读书动机。中间边读边记要点,其中包括值得引用的部分及部分梗概,还要写出自己的感受和启迪。最后写出结论。

感想写作没有固定的形式,也不必考虑逻辑关系,但应主题明确,简单明了,且有亲切感,还要避免过多的感伤情绪。

삼국지 읽기

나는 같은 책을 여러 번 읽지 않는다. 책 읽는 속도가 유난히 느리고 한 번 읽을 때 매우 꼼꼼히 읽는 편이라 같은 책을 두세 번 읽을 만큼 호흡이 길지 못하다. 나는 어쩌다 눈으로 책읽기를 배우지 못했다. 큰 소리를 내건 아니건 간에 꼭 입으로 읽어야 하니 느릴 수 밖에 없다. 대사가 많이 나오는 책을 읽으려면 특히 많은 시간이 걸린다. 그 모든 배역들의 대사를 목소리까지 바꿔 가며 읽는다. 그래서 희곡을 처음부터 끝까지 다 읽어 본 기억이 없다. 연출하는 데 너무나 많은 시간이

들기 때문이다.

 이런 내가 유일하게 몇 번이고 읽고 또 읽은 책이 하나 있다. 바로『삼국지』다. 중학교 1학년 때 처음 읽기 시작하여 대학을 졸업할 때까지 한 열 번은 읽었으리라. 만화로도 두어 번은 읽었다.

 그런데『삼국지』가 과연 청소년들에게 권할 만한 책이냐를 놓고 심심찮게 논란이 있다. 신의와 명분과는 애당초 거리가 먼 야심가들을 영웅으로 미화하고 상대를 속여 궁지에 몰아넣는 용병술을 가르치는 책을 감수성이 예민한 청소년들에게 권해서는 안 된다는 우려와『삼국지』의 진짜 교훈은 정의를 위해 아낌없이 목숨을 내던진 충신 열사들의 무용담 속에 숨어 있다는 반론이 팽팽하게 맞선다.

4. 文艺文(문예문)

 文艺文是采取艺术的手法，表达自己的想法，力图引起人们共鸣的文章。文艺文包括诗歌、小说、散文、随笔、戏剧等。下面主要介绍随笔的写法。

 随笔是对周围发生的事情，自由表达见解的文章。随笔虽然格式不太严格，但素材来源于生活，且主题含蓄，能体现作者个性，富有文学色彩，可给读者以启迪。

새끼손가락

 인간의 욕망은 끝이 없는 것 같다. 부족함 없이 가진 것 같아도 욕심은 그치지 않는다. '꽃들에게 희망을'이라는 책에서 끝이 어딘지도 모르면서 서로 높은 곳에 가기 위해 싸우고 있는 애벌레들의 기둥은 인간 욕망의 허구를 잘 드러내 준다. 나 역시 더 가지기 위해 그리고 남에게 더 인정받기 위해 애쓰며 내 자신의 삶에 언제나 불만을 갖고 사는 그런 존재였다. 그러나 9개월 전 수술은 그냥 내 모습 자체로의 나를 사랑하게 해 주었다.

 초등학교 1학년 때 친구들과 놀다가 왼손 새끼손가락을 다쳤다. 그 후로도 종종 똑같은 곳을 계속 다쳐 상처가 심해졌다. 별일 없을 거라 생각하고 지내다가 병원을 찾았다. 예상보다 상처가 심했던지 난 병원에 수술을 받기 위해 입원을 했다. 수술 전날 의사 선생님이 내일 수술하면서 상태가 안 좋으면 손가락을 자를 수도 있다고 했다. 아무 생각도 들지 않았다. 친구들에게 전화가 하고 싶어졌다. 내일부터는 사람들이 내게 동정의 눈길을 보낼 것이다. 그렇기 때문에 동정의 눈길이 없는 정상적인 상태에서 마지막 대화를 하고 싶었다. 그래서 내일 어쩌면 손가락을 자를시도 모른다는 이야기는 하지 않았다.

 수술 날 아침. 새끼손가락을 만지며 수술장에 들어갔다. 조그만 수술이었지만 수술 시간이 오래 걸리기 때문에 전신 마취를 한다고 했다. 마취약 기운이 도는 것을 느꼈을 때 제일 먼저 눈이 간 곳은 왼손이었다. 붕대가 감겨 있어서 손가락이 있는지 알아볼 수 없었다. 새끼손가락을 움직여 보려고 했지만 아무 느낌이 없었다. 앞이 캄캄했다. 그때 의사 선생님께서 수술이 잘 돼서 손가락을 살렸다고 말씀해 주셨다. 그때 기분이란 어떻게 설명해야 할지… 어떤 조건이 붙은 내가 아닌 그냥 나의 모습으로도 너무 행복했다.

한참 후에 알았는데 손가락에서 힘줄과 신경을 제거했기 때문에 손가락을 움직일 수도 느낄 수도 없었다. 지금도 나의 왼손 새끼손가락은 첫째, 둘째 관절이 움직이질 않는다. 새끼손가락이 잘 움직여졌으면 하는 기대가 없는 것은 아니지만 그때 수술의 기억을 떠올릴 때, 나는 내 새끼손가락이 사랑스럽다.

四、以交往和介绍为目的的文章写作

在人类社会中,为了加强交往,增进友谊,有时需将自己的想法用文字记录下来并形成文章发给对方。此类文章有介绍、书信、各种公文等。

文章的结构一般都有比较固定的格式,可以参照格式书写。文章要言简意赅,并能表达作者的感情。

1. 介绍(소개문)

介绍是将自己或单位、城市、国家以及各种事物向别人介绍,使人了解的文章。此类文章也是说明文的一种,写作时应当简学明了,材料充实,朴实无华,令人信服。

(1) 个人介绍

① 履历

现在单位或企业招聘人员一般是先看履历和自荐信,然后面试。因此,写好履历非常重要。

履历的格式根据公司或机关有所不同,大部分包括以下事项。

个人基本情况、学历、经历、特长及获得的资格证、奖惩情况等。

履历写作的基本原则是实事求是、言简意赅。同时还应附有近照(一般是三个月以内的近照)和联系方式。

이력서

성명	한글	김××	주민등록번호	87××××-××××111		
	한문	金××	생년월일	87년 ××월 ××일생		
현주소		서울시 ×××구 ×××APT ×××호				
본적						
호주		김 ××	호주와의 관계		김××의 자(子)	
연락처	전화	××××-××××	핸드폰	01×-××××-××××	이메일	xx@××××.×××

학력사항	
2005.2.15	서울 ××고등학교 졸업
2005.3.10	××대학교 ××대학 시각디자인학과 입학
2007.5~2009.7	휴학 및 군입대
2011.2.24	××대학교 ××대학 시각디자인학과 졸업
경력사항	
2009.10	×××회사 프리랜서 ××부문 업무 수행
2010.9	××× 어린이 디자인체험교육센터 봉사활동 참여
자격증/특기사항	
2010.7	1종 운전면허
2011.5	××× 디자인 부분 우수상 수상

가족관계			신상정보	
본인과의 관계	나이	직업	신장	175cm
부	××	××공사 ××부장	몸무게	65kg
모	××	주부	혈액형	AB

위 내용이 사실과 틀림 없음
2012년 3월 30일
김 × × (인)

이력서

	성 명	이성도 (李成道)	주민등록번호	
			○○○○○○-○○○○○○○	
	생년월일	19○○년 ○○월 ○○일생 (만 ○○ 세)		
	주 소	○○시 ○○구 ○○동 ○○-○○		
호적 관계	호주와의 관계	장 남	호주성명	이○○
연 락 처	전화: ○○○-○○○○-○○○○　핸드폰: ○○○-○○○○-○○○○			

년 월 일	학력	발령청
2004. 2	○○고등학교 졸업	
2004. 3	○○대학교 ○○대학 전산학과 입학	

2006.1	육군 현역 입대	
2008.3	육군 만기 제대	
2011.2	○○대학교 ○○대학 전산학과 졸업	
	경력 및 특기사항	
2009.8	○○○○ 온라인 증권 웹개발 참여	
2010.2	○○○○ 웹개발 참여	
2010.3	○○○○ 온라인 배킹시스템 구축 참여	

위의 모든 기재 내용은 사실과 틀림없습니다.
2011년 1월 30일
작성자 : 이성도 (인)

② 自荐信

履历是概括介绍一个人经历的一种文书,而自荐信对全面了解一个人有重要意义。通过自荐书可以使聘用单位了解申请者的申请动机,写作与思维能力,成长背景下形成的性格、人生观和世界观。

自荐信应主要包括以下内容:家庭环境及成长过程、学历及经历、性格优缺点、校内外活动、人生观及职业观、申请动机、资格证及其他事项等。

자기 소개서

안녕하십니까? 평소에 선망해 오던 대한대학교에 학교장 추천으로 지원하게 되어 무척 기쁘게 생각하면서 저의 소개를 하겠습니다. 저는 부모님과 언니, 남동생과 함께 살고 있으며 부모님께서는 현재 꽃집을 운영하고 계십니다. 처음에는 아버지께서 작은 공장을 운영하셨지만 부도가 나고 말았습니다. 그후 부모님께서는 가족 생계를 위해 슈퍼마켓, 택시 운전, 배추 장사 등 여러 가지 일을 하시다가 5년 전부터 지금의 꽃집을 시작하게 된 것입니다.

그 동안 힘든 일도 많았지만 그만큼 얻은 것도 또한 많았습니다. 곧 큰 문제가 생기면 이를 피하지 않고 그 위치에서 최선을 모색하는 강한 의지가 생겼습니다. 그 결과 이제는 어떤 일에도 자신감을 갖게 되었습니다. 부모님은 저희가 모든 일을 스스로 해결하도록 가르치십니다. 한때 저에게 관심이 없다고 투정을 부리기도 했지만, 지금은 오히려 부모님께 감사드립니다. 직접 나서서 대신 해 주시는 것보다 지켜보시는 데에 더 큰 인내와 사랑이 필요하다는 것을 알았기 때문입니다. 또 부모님께서는 인성 교육을 중요시하셔서 어려운 가정 형편 중에도 정서 교육에 중요한 악기를 하나씩 다루도록 이끌어 주셨습니다. 그리고 저는 어릴 때부터 책

읽는 것을 좋아했습니다. 제가 책을 좋아한 것은 평소 책을 많이 읽으시는 어머니의 영향이라고 생각합니다.

저는 학교 신문의 기자입니다. 기자 활동을 통해 저의 시야를 더 넓힐 수 있었고 보람도 느낄 수 있었습니다. 그리고 중학교 1학년 때는 나 환자 마을인 들꽃마을을 방문하여 3박4일간 함께 생활하기도 했습니다. 처음엔 다소 두려웠지만 차츰 그들과 친해질 수 있었고, 아울러 건강이 얼마나 아름다운 축복인지 깨달았습니다. 그리고 결코 어려운 사람들을 외면해서는 안 된다는 다짐을 했습니다.

저는 선생님으로부터 수업 태도가 좋고 집중력이 뛰어나다는 칭찬을 많이 받았습니다. 누구나 다 그런 것은 아니지만 저는 공부하는 것이 좋았습니다. 하나하나 배우고 아는 것이 재미있었습니다. 특히 과학과 사회 과목을 배우고 나면, 전에는 모르고 지나쳤던 것들의 숨겨진 원리와 의미를 발견할 수 있어 그야말로 큰 기쁨을 누릴 수 있었습니다. 보이지 않았던 것이 보일 때의 기쁨, 그것이 저를 끊임없이 공부하게 만들었습니다.

저는 지혜로운 사람이 되고 싶습니다. 그런데 저는 결정을 내리는 데 많은 시간이 걸리는 편입니다. 물론 되도록 정보를 많이 얻으려고 노력하고, 주위 어른들에게 도움 말씀을 구하여 보다 올바른 판단을 하려고 힘씁니다. 이렇게 되려면 앞으로 많은 공부를 해야 하겠지만, 그 중에서도 저는 경제학을 공부하고 싶습니다. 저는 선택 과목으로 정치를 배웠기 때문에 학교에서 체계적으로 경제를 배우지는 못했습니다. 그러나 신문이나 뉴스를 통해서 조금씩 경제 문제를 접하게 되었고, 우리 생활을 지배하고 있는 경제 전반에 차츰 매력을 느끼게 되었습니다.

저의 좌우명은 '꼭 필요한 사람이 되자'는 것입니다. 한때 IMF의 금융 지원을 받았던 우리 나라에는 열의를 가진 경제학도가 많이 필요하리라고 생각합니다. 따라서 저는 경제학을 공부함으로써 그런 필요에 부응하는 사람이 되고 싶습니다. 장차 우리 나라의 경제 엘리트가 되어 나라의 장래를 함께 펼쳐나가는 것이 저의 꿈입니다. 대학에 가면 열심히 노력해서 유학을 꼭 가고 싶습니다. 유학은 학문의 깊이를 위해서도 중요하지만 경제를 운용하는 것은 어디까지나 사람이므로 세계적인 경제학자와 접촉하기 위해서도 꼭 필요하다고 생각합니다. 대학교 1·2학년 때는 학과 공부도 중요하지만 교양을 쌓기 위해 여러 분야의 책으로 읽으려고 합니다. 특히 전부터 관심이 있었던 철학에 관한 책을 많이 읽을 것입니다. 철학을 공부함으로써 경제학을 깊이 있게 이해하는 데 그 바탕을 마련할까 합니다.

제가 어릴 때 아버지께서 해주신 말씀이 떠오릅니다. '역사는 하루 아침에 이루어진 것이 아니다. 역사는 앞서 간 수많은 위인들이 하나하나 올려놓은 벽돌로 이루어진 것이다. 너는 그저 그위에 작은 벽돌을 하나 올려 놓을 수 있을 뿐이다.' 그때 저는 속으로 그러면 적어도 큰 벽돌을 올려놓을 것이라고 생각했던 기억이 납니다. 저는 지금 제가 미래의 건강한 대한 민국을 건설하는 데 꼭 필요한 한 장의 벽돌이 되기를 소망합니다.

③ 介绍自己的生活
一般可按时间顺序介绍自己的生活,可介绍一天的,也可介绍一周的。介绍时要抓住重点,还可结合自己的兴趣进行介绍。

나의 하루

나는 매일 아침 6시 30분에 일어납니다. 그리고 영어 공부를 시작합니다. 영어 문법은 무척 어렵습니다. 7시 30분쯤 아침밥을 먹습니다.

우리 집은 교외에 있습니다. 회사는 시가지 중심에 자리잡고 있습니다. 집에서 역까지 10분은 걸어야 합니다. 나는 전차로 회사에 출근하는데, 55분쯤 걸립니다. 출근길의 전차는 항상 붐빕니다.

회사에 출근하여 9시에 일을 시작하고, 대체로 6시에 퇴근합니다. 가끔 역에서 택시를 잡아타고 집에 돌아오기도 하는데, 30분 가량 걸립니다.

우리 회사는 관광회사입니다. 나는 본사에 출근합니다. 회사는 전국 여덟 곳에 지사를 두고 있습니다. 회사 일은 무척 재미납니다.

나는 자주 출장을 나갑니다. 다음 주에는 배이징에 갑니다. 하지만 출장은 아주 힘드는 일입니다.

일요일, 많은 회사들은 휴식하지만 우리 회사는 거의 쉬지 않습니다. 회사원들은 교대로 휴식합니다.

휴일은 한 달에 네 번쯤 됩니다. 휴일에는 늘 늦잠을 자고 점심 무렵에야 기상합니다. 휴일에는 외출도 잘 하지 않습니다. 조용한 방에서 느긋한 기분으로 소설을 읽을 때가 많습니다. 저녁에는 맥주를 조금 마시기도 합니다. 그리고 나서 음악을 감상합니다. 때때로 비디오를 보기도 합니다.

나의 여름 방학

7월 20일, 여름 방학이 시작된 다음날, 나는 작은 손가방 하나를 들고 서울행 비행기에 올랐습니다. 올해는 여름 방학을 한국 서울로 홀가분하게 혼자 여행할 계획입니다.

공항에 마중 나온 뭇사람들 속에 끼어서 정은 씨가 손을 흔들어 나를 정겹게 맞아 주었습니다. 반 년만에 만나는 정은 씨는 정말 생기 넘쳐 있었습니다.

박물관과 교외에 있는 민속촌 견학은 한국의 역사와 풍속 습관을 알 수 있어서 무척 인상에 남았습니다. 혼자서 지하철을 탔을 때 말을 잘 몰라서 좀 난처하기도 했지만 한국 사람들이 아주 친절하게 대해 주셨습니다. 모두들 말씨가 너무 부드러워서 친근하게 느껴졌습니다.

2박3일의 서울 여행은 눈깜짝 할 사이에 지나버렸습니다. 서울을 떠나는 전날 밤은 비가 내렸습니다. 정은 씨와 갈라지는 것이 아쉬웠고 서울을 더 구경하지 못한 것이 아쉬웠습니다. 나는 한국을 더욱 좋아하게 되었습니다. 한국어를 더 열심히 공부하기로 마음 먹었습니다.

④ 入学申请书

高中、大学毕业后,如果想到韩国留学,在向韩国学校和政府申请时需填写必要的表格和入学申请书。入学申请书的内容首先要写为什么去韩国,然后写入学动机,拟学专业及选择该专业的理由,最后写毕业后的打算。

이유서

저는 현재 중국의 ○○ 대학교에서 한국어를 전공하고 있습니다.

최근 한국의 문화가 개방되면서 우리 나라 전반에 상당한 영향을 미치고 있다고 생각합니다.

저의 꿈은 잡지 기자가 되는 것입니다. 잡지 기자라 하면 문화전반의 정보를 대중에게 전달하는 직업이기 때문에 한국어 공부는 필수이며 한국의 문화를 직접 체험해 보는 것이 아주 중요하다고 생각합니다. 그리고 제가 가장 관심을 가지는 나라가 바로 한국이기 때문에 재미있게 공부를 할 수 있을 거라는 생각이 듭니다. 전공으로 하고 있는 한국어는 꾸준히 공부를 하고 있습니다만, 보다 생생한 한국어를 습득하고 더욱 완벽한 한국어를 구사하기 위해 한국 유학을 결심했습니다. 이 선택이 저의 꿈을 성장시키는 데 많은 도움이 되었으면 합니다. 그만큼 꼭 최선을 다해 공부하겠습니다.

이유서

저는 현재 ○○ 의약회사에서 영업사원으로 근무중입니다.

산업고등학교를 졸업했기 때문에 대학진학을 하지 않고 바로 사회에 진출하여 지금까지 약 4년간 직장생활을 해 오고 있습니다. 하지만 학업에 대한 미련이 많이 남아서 언젠가는 공부를 더 해야겠다는 생각을 하고 있었지만 현실적으로 모든 것을 버리고 다시 공부를 시작하기에는 용기가 부족했습니다. 그러던 중 가족들과 주변사람들의 강력한 권유로 한국유학을 결심하게 되었습니다. 한국에서 제가 공부하고 싶은 분야는 고등학교 시절부터 관심을 갖고 있었던 컴퓨터전자공학입니다. 저의 생각으로는 중국보다 한국에서 공부하는 편이 더 많은 정보와 앞선 기술을 배울 수 있다고 보며, 또한 현대인의 필수 조건이라 할 수 있는 외국어를 마스터할 수 있는 좋은 기회라고 생각했기 때문에 한국유학을 결심하게 되었습니다. 한국어 학습 후에는 대학으로 진학하여 컴퓨터 전자공학을 공부할 계획이며 학업을 마친 후에는 중국으로 돌아와 컴퓨터 프로그래머가 되고 싶습니다. 새롭게 공부를 시작하기에는 조금은 늦은 듯한 느낌이 있기는 하지만 좋은 찬스라 생각하고 열심히 노력하겠습니다.

입학 지원 이유서

하얀 종잇장에 무엇을 그려넣을가? 물론 그건 쓰는 사람의 생각 나름이다. 어린이의 마음은 하얀 종잇장과 같은 것이라고 나는 생각한다. 내가 유아 교육을 공부하고 싶어하는 이유도, 새하얀 종잇장에 아름다운 그림을 그려 넣기 위한 한 대의 색연필이 되고 싶어서이다.

중국의 유아 교육에서는, 실제 어린이들을 교양하는 현지의 교사들은 2년 정도 교육 기관에서 공부를 한 사람들이 대부분이다. 외국에 유학을 하여 유아 교육을 공부해 온 사람들은 거의 모두 대학에서 대학생들을 가르치거나 연구 기관에서 자기의 연구 과제로서 유아 교육을 연구할 뿐이다. 어린이들과는 전혀 접촉하지 않는 이러한 연구는 본래의 목적과 동떨어진, 진정한 유아 교육이라 할 수 없다고 나는 생각한다. 그리하여 진정한 의미에서 어린이들을 위한 유아 교육을 배우고 싶은 마음으로 한국에 유학을 가려고 생각한다.

한국의 유아 교육은 훌륭한 것이라고 나는 생각한다. 언제가 텔레비전에서 <여름 어린이 특별 교실>이라는 프로를 보았다. 거기에는 어린이들이 자유롭게 뛰놀고 또 전문가들이 현장의 교양원들을 통하여 연구성과를 실제로 어린이들의 교육에 실천하고 있는 모습들이 있었는데 나는 깊은 감동을 받았다. 또 나는 우리 나라와 생활습관 그리고 사고방식이 조금 비슷한 아시아의 한국에서 유아 교육을 공부하는 것이 이제 막 성장하는 중국과 한국의 어린이들에게 도움이 될 것이라 믿어마지 않는다.

⑤ 入学计划书

大学毕业后,如果想到韩国读研究生,在向韩国学校和政府申请时,需填写必要的表格和入学计划书。计划书需写入学动机,已学过的专业内容,拟到韩国学习的专业及选择该专业的理由,具体学习计划,学成后的打算等。

수학계획서

지원동기

저는 대학교 2학년 때 선배한테서 ○○○대학교를 처음 들었습니다. 그 후에 제가 인터넷으로 ○○○대학교에 관한 정보를 많이 찾아봤더니 ○○○대학교가 훌륭한 전통, 교수진, 뛰어난 선배, 공부 환경 등이 갖추어진 명문대학이라고 생각합니다. 그래서 제가 꼭 ○○○대학교 학생이 되고 싶습니다.

저는 4년 동안 ○○○○○대학에서 한국어와 영어를 전공으로 열심히 배워 왔고 한국어를 배워가면서 한국에 대해 관심이 많아졌습니다. 특히 한국과 중국의 무역거래에 대해 관심을 가지고 있습니다. 1992년에 양국수교 이래 무역 교류가 빠른 속도로 늘고 있습니다. 그리고 중국은 WTO에 가입한 후에 한국은 지금 이미 중국 제1무역 수출국이 되어서 앞으로 밝은 미래가 보인다고 생각합니다. 그래서 무역에 대해 연구할 만한 것이 많다고 생각합니다. 지리적으로 한국은 중국의 이웃나라이고 문화적으로 양국은 비슷한 점이 많습니다. 그래서 한국에 유학하여 무역학을 공부하고 싶습니다.

지금까지 공부한 내용

저는 3학년부터 마케팅을 부전공으로 배워 왔습니다. 공부한 과목이 <국제무역>, <경제학>, <전자상거래개론>, <마케팅> 등입니다.

공부하고 싶은 것

대학원에 들어간 후에 무역 분야의 기초를 빨리 보강하여 선생님의 지도에 따라 연구할 만한 분야에서 가치가 있는 과제를 선택하고 싶습니다.

수학계획

정보 사회에 들어간 후에 중국과 한국의 교류가 많아지고 있습니다. 요즘 한국의 기업들은 중국에 진출하여 무역 거래를 많이 하고 있습니다. 중국 경제의 발전과 무역 자유화에 따라 중국 기업도 국제 시장에 많이 진출하고 있습니다. 이런 환경에서 어떤 방식으로 각국의 환경에 적응할 수 있는지와 인재, 설비, 자금, 정보, 기술 등 자원을 어떻게 조합하는지 등에 대해 관심을 가지고 있습니다. 각국의 국가 정책에 따라 무역을 어떻게 하는가에 대한 것을 하나의 연구 대상으로 하고 싶습니다. 특히 중국은 WTO에 가입했지만 관세 장벽이 아직도 있는 걸 보고 무역 관세에 대해 연구하고 싶습니다. 인터넷이 급속도로 발전하면서 국제무역거래도 인터넷으로 어떻게 진행하는가에 대해서도 연구하고 싶은 과제입니다. 지금 전자상거래의 발전 속도가 매우 빠릅니다. 인터넷으로 성공한 무역회사도 많이 있습니다. 그런 회사들이 성공하는 원인에 대해 연구하고 성공의 비결을 찾고 싶습니다. 전자상거래에 대해 많이 공부할 예정입니다.

목표를 순조롭게 달성하기 위해 다음라 같은 계획에 따라 공부하겠습니다.

제 1 학년 1) 무역학의 기초 과목을 열심히 이수하겠습니다.
2) 무역학에 대해 한층 더 공부하고 연구하겠습니다.
3) 한국어를 열심히 배우고 한국의 문화와 풍습을 이해하기 위해 책을 많이 읽겠습니다.

제 2학년 교수지도에 따라 무역 분야에 대한 연구에 참여하고 싶습니다. 스스로 그것에 대한 연구를 할 수 있도록 열심히 공부하겠습니다.

국제 무역에 관한 좋은 분야를 선택하고 교수의 지도하에 연구 성과를 거둘 수 있도록 하겠습니다.

대학원을 졸업한 후에 저는 중국에 돌아와서 한국에서 배운 것을 기초로 하여 회사에서 활용하고 싶습니다.

감사합니다.

2015년 3월 9일
작성자: ○○○

⑥ 推荐信

拟去韩国留学时通常需要学校教师的推荐信。推荐信一般有两种形式。一种是按学校规定的格式逐项填写。一种是单独写推荐信。

推荐信内容包括老师与学生的关系,教师给学生讲授的科目,学生的学习表现,以及学习能力和钻研精神。还要介绍学生的其他表现,特别要写是否有奉献精神,最后要写对学生的期待。

추 천 서

Form : RECOMMENDATION

REGISTRATION NUMBER

* Do not write in this area.

● Please type or print in English or Korean. This form is two pages in length.
Mail the completed form to the following address by the application deadline: Office of Admissions

TO BE COMPLETED BY THE APPLICANT

● Complete this section and give this form with a stamped and addressed envelope to a recommender who knows you well.

Applicant's Name: _____
Current/Last School: _____
Passport No.: _____ Date of Birth
(DD/MM/YY): _____
Proposed Dept/Program: _____ E-mail: _____

1. I request that this recommendation be treated confidentially by the officers and faculty members of SMU.
2. I waive my right of access to this recommendation.
3. I take full responsibility for any falsity in the submitted materials.
4. I hereby affirm that all the contained information is true and complete.

Applicant's Signature　　　　Date(DD/MM/YY)

_____　　_____
　　　　Applicant's Signature
Date (DD/MM/YY)

TO BE COMPLETED BY THE RECOMMENDER

● We appreciate your candid evaluation of the named applicant and his or her capacity for success as a student in the proposed field of study. Your recommendation plays an important role in the admissions process. We will not evaluate a candidate's application until your recommendation is received.

Name: _____ E-mail: _____

Title, Position and Institution: _____

Address: _____

Telephone: _____

How long have you known the applicant and in what context? _____

_____

● Please rate the applicant by checking the appropriate box. Relative to other students you have known, how do you rate this applicant in terms of:

	Below average	Average	Good	Excellent	Top few ever encountered	No basis for judgment
Academic achievement					√	
Academic motivation				√		
Future academic potential				√		
Leadership / Influence			√			
Concern for others				√		
Emotional maturity			√			
Written expression				√		
Oral expression				√		
Creativity/Originality			√			
Respect for differences			√			

1. **Academic / intellectual evaluation:** Please comment on the nature and quality of the applicant's academic performance and potential. We are especially interested in your evaluation of the applicant's academic achievement, motivation, originality of thought, creativity, intellectual depth or breath, and academic promise.

2014년 7월에 ○○대학교 한국어학과를 졸업할 ○○○ 학생은 학교에 다닌 동안 저의 '한국어 쓰기' 등 수업을 수강한 학생입니다.

○○○ 학생은 열심히 노력하며 끈기 있는 학생입니다. 우수한 성적으로 학교, 학과의 장학금을 여러 번 탔고 '○○대학교 우수 학생'으로도 뽑혔습니다. 재학 중에 꾸준히 노력하여, 지금은 한국 언어와 풍습에 대한 지식을 많이 쌓았습니다. 열심히 노력한 결과 이제는 한국어 구사 능력이 아주 훌륭합니다.

　　노력하고 영리한 편이기 때문에 ○○○ 학생은 앞으로 학업에서는 물론이고 사회에 진출해서도 큰 발전이 있을 것으로 생각되어 적극 추천하는 바입니다.

2. Personal / interpersonal evaluation: What are your impressions of the applicant as a person? How is he or she viewed by professors(teachers)? How does the applicant interact with others? What are the applicant's major strengths and weaknesses?

　　○○○ 학생은 대학교에 다닌 동안 남다른 학구열과 봉사심으로 기타 학생들의 모범이 되었으며, 낙천적이고 활달한 성격을 가지고 있어 외국의 생활에도 무리 없이 쉽게 적응할 것입니다.

　　모든 일에서 근면하고 성실하여 대학 4년 동안 줄곧 상위권 성적을 유지하였으며, 또한 4년간의 직장 및 사회경험을 가지고 있어 공부하는 목표와 목적이 분명합니다.

3. Additional comments: Is there anything else we should know about this applicant? Please feel free to attach additional sheets if necessary.

　　○○○ 학생이 한국에서의 대학원생활을 통하여 더욱 훌륭 인재가 될 수 있기를 바라는바 위 학생을 추천합니다.

Recommender's Signature　　　　　　　　　　　　　　　　Date (DD/MM/YY)

추천서

　　2014년 7월에 ○○○○○대학교 한국어학과를 졸업한 ○○○ 학생은 재학중 저의 '한국어 문법'과 '한국어 어휘론'을 수강한 학생입니다. 항상 적극적으로 강의에 참여했고 그 성적도 우수했습니다. 이런 훌륭한 학생의 추천서를 쓰게 되어 기쁘게 생각합니다.

　　○○○ 학생은 평소에 한국어를 공부하면서 한국어 뿐만 아니라 한국의 정치, 경제, 문화 등에도 큰 관심을 가지고 있었습니다. 5년 동안 꾸준히 노력한 끝에 지금은 그의 한국어 구사 능력이 한국어를 공부한 외국인으로 믿어지지 않을 정도로 훌륭하다고 할 수 있습니다.

　　○○○ 학생은 대학에서 장학금을 여러 차례 받을 만큼 평소 성실한 생활태도와 우수한 학업성적을 지닌 학생입니다. 충분히 한국을 느끼고 배울 수 있으리라 생각하며, ○○○ 학생이 앞으로 학업에서는 물론이고 사회에 진출해서도 큰 발전이 있을 것으로 생각되어 적극 추천하는 바입니다.

　　○○○ 학생은 대학에서 학생 활동에도 적극적으로 참여하였습니다. 처음 입학

했을 때부터 학급의 반장을 담당해 왔습니다. 한국어과 학생회의 생활부에서 부장도 담당했습니다. 이렇듯 이 학생의 장점은, 사교성과 리더십이 뛰어나 주변 사람들과 우호적으로 잘 지낼 수 있습니다. 또한 주위 환경에 대한 적응 능력이 강합니다.

　이 우수한 학생에게 귀대학에서 수학할 수 있는 기회를 준다면, 앞으로 더 훌륭한 인재로 성장될 것이라 믿어마지 않습니다.

추천서

　2014년 7월에 ○○대학교 한국어학과를 졸업한 ○○○ 학생은 학교에 다닌 동안 저의 '한국어 듣기' '무역 한국어' 등 강의를 수강한 학생입니다. 항상 적극적으로 강의에 참여했고 성실하게 준비해 오는 것이 남보다 뛰어났으며, 그 결과도 우수한 학생입니다.

　상기 학생은 한국어뿐만 아니라 한국문화, 한국 풍습 등에도 큰 관심을 가지고 있어, 도서관에서 이와 관련된 책들을 찾아서 스스로 공부하고 탐구하는 등 남다른 열정이 있었습니다. 4년 동안 꾸준히 노력한 끝에 졸업했을 때는 훌륭한 한국어 실력 뿐만 아니라 한국 경제, 정치 및 문화에 대해서도 깊은 이해를 가지게 되었습니다.

　졸업 후 산동성 연태시정부의 투자유치국에서 10개월 근무했으며, 2010년 4월부터는 북경의 중앙 방송국 CCTV 애니메이션부문에서 2년 동안 통번역을 담당하였으며, 2012년 5월부터 현재까지는 한국 SK COMMUNICATION 중국 관계사 VIATECH회사(중국 cyworld 회사) 마케팅부에서 근무하고 있습니다. 이러한 경험을 바탕으로 현재는 한국어 구사 능력이 외국인으로 믿을 수 없을 정도로 훌륭할 뿐만 아니라 직장 사회 경험도 많이 쌓았습니다. 또한 이로 인해 공부 목적이나 목표가 아주 분명합니다.

　귀 대학에서 이 우수한 학생에게 더 공부할 수 있는 기회를 주시면 꼭 훌륭한 인재가 될 것이라고 믿습니다.

2014년 9월 26일
○○○○○대학교 한국어학과
학과장＿＿＿＿＿＿＿＿＿＿＿＿．

(2) 集体介绍
① 家庭介绍
　家庭介绍应包括家庭成员总数、共同居住的家庭成员数，父母的职业、兄弟姐妹及结婚与否，他们之间的关系、性格及特长等。

우리 가족

　우리 가족은 모두 네 식구입니다. 아니, 다섯 식구입니다. 아버지와 어머니, 지,

남동생, 그리고 코니라고 부르는 강아지입니다. 아버지는 역사학자입니다. 그래서 샐러리맨들처럼 매일 직장에 나가시지 않습니다. 늘 서재에서 글을 쓰고 계십니다. 또 우리 아버지는 과묵해서 집에 손님이 오시면 언제나 어머니가 접대하십니다. 고등학교에 다니는 동생은 장차 외국에서 일해 보겠다고 합니다.

코니는 올해 열 살입니다. 으스대기를 좋아하는 코니는 아버지가 계시지 않을 때에는 으레 아버지의 의자를 차지합니다. 다른 사람이 앉으면 코를 찡긋거리며 야단을 칩니다. 코니는 외로움을 잘 타서 집보기도 싫어합니다. 집식구들이 나갈 준비를 하면 곁에서 떨어지질 않습니다. 빈집을 지키지 않으면 안된다는 것을 알게 되면, 우리들의 신을 감추어 놓기도 합니다. 코니의 마지막 수단은 꾀병을 부리는 것입니다. 콜록 콜록 기침을 짖어 보기도 하고 쩔룩 쩔룩 다리를 절어 보이기도 합니다. 집식구들은 가끔 코니에게 속기도 합니다.

② 国家介绍

国家介绍应包括国家的位置、首都、人口、国土面积、气候、地形、山川、河流、民族、语言等。特别应介绍其在世界上的地位。

조선반도와 한국

조선반도는 아시아 대륙의 동북부에서 남쪽으로 뻗어 있으며 그 길이는 1,000㎞에 달한다. 북쪽 국경은 대부분 중국과 접해 있고 그 일부가 러시아와 이웃하고 있다. 1948년 이래 남쪽의 대한민국과 북쪽의 조선민주주의 인민공화국으로 분단되어 있다.

조선반도 총면적은 222.156 ㎢이며 한국의 면적은 99,394 ㎢이다. 조선반도는 70%가 산지로 덮여 있으며 지형은 무척 다양한 편이다. 장엄한 태백산맥이 남북으로 길게 뻗어 있어 동쪽 해안에서는 가파른 절벽과 바위섬들을 많이 볼 수 있다. 남서쪽의 경사는 완만하여 넓은 평지들로 이루고 있고 해안선은 매우 복잡하며 3000개가 넘는 크고 작은 섬들이 퍼져 있다.

조선반도는 아름다운 산과 강이 많아 옛부터 금수강산이라 불렀다. 가장 높은 산은 백두산으로 높이가 2,744m이며 휴화산인 백두산의 분화구는 천지라고 부른다. 한국 남쪽의 제일 큰 섬인 제주도에는 한국에서 가장 높은 한라산이 있다.

조선반도는 하천이 많은데 북쪽의 압록강과 두만강은 백두산에서 발원하여 각각 서쪽과 동쪽으로 흘러가면서 북쪽 국경을 이루고 있다. 남쪽의 낙동강과 대한민국의 수도인 서울을 관통하고 있는 한강은 대표적인 강들이다.

조선반도는 동아시아의 계절풍 기후대에 위치하고 있어서 4계절의 변화가 뚜렷하다. 여름은 덥고 습도가 높으며 겨울은 춥고 건조하다. 봄과 가을은 서늘하고 쾌적한 날씨를 보이며 맑은 날이 많다.

한국인은 하나의 언어인 한국어를 사용하는 단일 민족이다. 요즘 통계에 의하면 한국의 인구는 5,000만 명을 넘는다.

한국은 원래 경제 상황이 낙후한 편이였지만 지난 50여 년 동안 세인을 놀래울 만한 경제 성장을 이룩하여 '한강의 기적'이라는 찬사를 받았다. 2015년에는 GDP가 세계 13위의 경제대국으로 부상하였다.

중 국

중국은 아시아 대륙에서 국토가 가장 넓고 인구가 가장 많은 나라로서, 북위 20-50도, 동경 75-135도 사이에 위치해 있다. 동서간의 거리는 약 5,000km 이며 면적은 약 960만㎢이다.

중국 대륙의 지형은 따싱안링 단층선을 경계로 동부저지와 서부산지 및 고원 지역으로 나뉘는데, 서고 동저의 지형을 이룬다. 따라서 양쯔강이나 황하와 같이 큰 하천들은 서쪽에서 발원하여 동쪽으로 흘러 황해로 유입된다. 서부에는 티베트 고원을 비롯한 여러 고원들이 분포되어 있고 고비사막 타림분지도 있다. 동부는 동북평야, 화북평야, 화중평야, 화남평야 등으로 이루어져 있다.

중국은 면적이 광대하기 때문에 남북간과 동서간에 기후차가 매우 현저하게 나타난다.

중국의 총 인구는 약 13억으로서, 세계 인구의 약 21%를 차지하는데 건국초에 비하여 약 2배가 증가하였다.

중국은 한족 및 만족, 몽골족, 티베트족, 조선족 등 56개 민족으로 구성되어 있다.

중국은 유구한 역사와 찬란한 문화를 가지고 있지만 경제 상황이 비교적 낙후하다. 1978년 이후 경제 개혁을 추진하고 농업·공업·국방·과학기술의 근대화 정책을 실시하여 큰 성과를 거두었다. 지금은 GDP가 세계 제2위의 경제대국으로 부상하였다.

③ 地区及城市介绍
地区及城市介绍应包括地区及城市的位置、人口、面积、历史、主要经济情况、名胜古迹、在国家中所处的地位等。

서 울

서울은 한국의 중서부에 위치하고 있으며, 한국 전통문화와 현대문화가 공존하고 있는 한국의 수도로서 세계에서 10번째로 큰 도시이다. 서울에는 수백 년 전에 지어진 고궁, 성문, 성곽과 함께 찬란한 역사 유물을 전시하는 국립박물관이 있다. 즐비하게 늘어선 빌딩숲과 그 사이를 오가는 자동차의 물결도 서울의 현재를 잘 드러내는 풍경이다. 인구가 1,000만 명이 넘는 서울은 정치, 경제, 문화, 교육, 행정 등 모든 부문에서 중추적인 역할을 담당하고 있다.

서울 시내에 위치한 경복궁(景福宮), 덕수궁(德壽宮), 창덕궁(昌德宮), 창경궁(昌慶宮)은 조선시대(1392-1910)에 지어진 궁전들이다. 특히 세계문화유산의 하나로 지정된 조선시대 역대 제왕들의 위패를 모시는 사당인 종묘(宗庙)와, 빼어난 풍경을 자랑하는 정원과 전통 건축물들이 있는 창덕궁은 서울의 명소이다. 이와 함께 한국을 방문한 외국인에게 권할 만한 명소로는 세종 문화회관, 호암아트홀, 남산타워, 롯데월드 내의 민속관, 한국관 등도 있다. 서울에서 가까운 과천에 있는 국립현대미술관, 경마장 등도 역시 가 볼 만한 곳이다.

서울에는 다양한 종류의 현대식 식당과 함께 한국 고유의 음식점들이 줄지어 늘어서 있어, 한국의 전통 요리뿐만 아니라, 중국·일본·프랑스·이탈리아·멕시코 등 세계 여러 나라의 음식을 맛볼 수 있다. 그밖에도 관광객들이 야간에 즐길 수 있는 카페, 나이트 클럽, 디스코테크, 재즈바 등 다양한 관광 업소들이 서울 곳곳에서 손님들을 기다리고 있다.

④ 单位介绍
单位介绍应介绍其名称、历史、组织结构、业务范围、在国家或城市中的地位等。

한국과학기술원

한국과학기술원은 고급 과학기술 인재의 양성과 국가적 중·장기 연구개발 및 국가 과학기술의 첨단화를 위하여 1971년에 설립되었다.

1981년1월5일 한국과학원과 정부출연기관인 한국 과학기술연구소를 통합하여 한국과학원으로 명칭이 변경되었다. 1989년 한국과학기술대학을 통합하여 서울특별시에서 대전광역시 대덕연구단지 내로 이전하였다. 이에 따라 대덕연구단지에 본원을 두었으며 서울에 분원을 두고 있다. 이어 1996년에 고등과학원을 설치하였다. 박사, 석사 및 학사과정 등을 두고 연구 생산성의 향상과 연구시설의 효율적인 이용을 위하여 다른 연구기관, 대학 및 전문 단체 등과 연구시설 및 기기 등을 공동으로 이용한다.

2001년 933건 수탁계약연구를 수행했고 해외대학과의 협력프로그램도 추진하고 있다. 또 인공위성연구센터 등 29개 KAIST 연구센터와 63개 일반연구센터 및 일반연구실을 운영하고 있다. 2004년 테크노경영대학원과 3개 학부 13개 학과 및 6개 전공을 두었다. 부설기관으로는 어학센터, 고등과학원 연구개발정보센터, 부속연구기관으로는 과학영재교육연구원, 자연과학연구소, 기계연구소, 산업경영연구소, 응용과학연구소, 정보전자 연구소, 테크노경영연구소, 인문사회연구소 등이 있다. 그리고 한국의 산업의 지속적인 연구인력 양성과 경영의 국제경재력 강화에 기여하고자 사이버KAIST를 설립하였다.

⑤ 旅游景点介绍
旅游景点应介绍其位置、历史及主要的观赏活动内容等。此类文章应简单明了,但应条理清楚,带有文学色彩。

석굴암

국보 제24호
소재지: 경상북도 경주시 진현동

석굴암은 신라 경덕왕 10년(751) 당시의 재상인 김대성에 의해서 창건되었다고 전한다.

석굴암의 조각들은 심오한 믿음과 우아한 솜씨가 조화된 통일신라 시대의 가장 뛰어난 세계적인 걸작으로 한국 불교 예술의 대표작이다.

굴 가운데에는 높이 3.48m의 여래 좌상이 안치되어 있고 전실과 굴 입구 좌우 벽에는 팔부 신장, 인왕 및 사천왕 등의 입상이 조각되어 불천을 지키고 있다.

굴 내부 본존불 둘레에는 천부 입상 2구, 보살 입상 2구 및 나한 입상 10구를 배열하고 본존불 바로 뒤에는 11면 관세음 보살 입상을 조각하였다.

그리고 굴 천장 주위에는 10개의 감실이 있는데, 그 안에 좌상의 보살과 거사 등이 안치되어 있다.

만리장성

흔히들 만리장성이라고 하지만 실제 길이는 1만리가 훨씬 넘어 12,700리 정도(약 6,350km)이다. 만리장성은 동쪽으로는 하북성의 산해관에서부터 서쪽으로는 감숙성의 가욕관에 이른다.

만리장성은 기원전 5세기경부터 여러 왕조들이 외적을 막기 위해 축조한 성벽이다. 전국(戰國)시대에 조(趙)나라, 연(燕)나라 등이 부분적으로 축성해 놓은 것을, 최초로 중국을 통일한 진시황이 흉노 등 변방 민족의 침입을 막기 위해 중축, 연결했다. 그 후 한·당나라 때는 그다지 중요하게 여기지 않았으며, 제국이 분립한 남북조 때 북조의 몇몇 나라들에서 국경 근처에 성을 쌓아 놓은 것이 조금 있을 정도였다. 그러나 명(明)나라는 몽골의 재침입을 막기 위해서 성벽의 중축과 개축에 힘썼다. 현재의 성(城)은 대부분 명나라 때 완성된 것이다.

만리장성은, 북경의 북쪽 약 80km 지점에 있는 성벽이 가장 많이 차 있고 보존 상태도 가장 양호한 팔달령(八達嶺) 장성을 가리킨다. 연연히 이어지는 산맥의 산마루를 따라 끝없이 성벽이 이어진다. 역사의 무수한 이야기들을 간직한 유적이기도 하다. 팔달령이란 이름은 이곳이 '사통팔달(四通八達)'한 교통의 요지이기 때문에 붙여진 것이라고 한다.

이 팔달령의 장성은 명나라 때 만들어진 비교적 새로운 것으로 모델화된 것이며, 일반적인 장성은 이곳처럼 연와로 만들어져 있지 않다. 단순히 흙을 굳혀 만든 판토로 쌓아서, 성이라기보다는 흙벽으로, 이 팔달령에서 짐작되는 바와 같은 훌륭한 성은 아니다. 그러나 이것이 산해관에서 멀리 고비사막까지 계속되는 수천 km나 되는 긴 성벽임은 틀림없다.

팔달령장성은 외국인 관광객은 물론 중국 각지에서 찾아오는 국내외 관광객으로 항상 붐빈다. '장성에 올라가 보지 못한 사람은 사나이가 아니다 (不到長城非好漢)'라는 말이 있을 정도로 장성은 외국인뿐만 아니라 중국인들도 평생에 한번쯤은 꼭 가보고 싶어하는 곳이다.

팔달령장성은 돌과 전이라는 연와로 쌓여진 것으로 아주 튼튼하다. 높이는 평균 7.8m, 폭은 밑이 6.5m, 위가 5.8m, 말 몇 마리가 나란히 서서 달릴 수 있는 너비이다. 성벽의 가장자리는 2m정도 높으며 이곳에는 총구멍이 뚫려 있다. 또 일정 거리마다 2층의 성루가 있다. 성루의 아랫층은 수십명의 병사의 주거지로 윗층은 망을 보거나 전투대 역할을 한다.

장성은 험한 산봉에 건축되어 있는데, 오늘처럼 여러 가지 현대적인 기계들이 없었던 시대에 그렇게 엄청나게 많은 수량의 돌, 연와, 석회석과 같은 것들을 어떻게 산 위에까지 운반하였는지 상상할 수 없다. 어떤 돌은 길이가 2미터나 되며 무게는 1톤이나 된다. 그 당시에는 산 위에까지 그 돌들을 운반하는 것이 극히 힘든 일이었다.

그런데 장성을 수축하기 위해 사용한 연와, 돌을 써서 높이 1미터의 벽을 쌓는다고 하면 얼마만한 길이의 벽을 쌓을 수 있는지 상상할 수 없다. 그 길이는 지구를 한바퀴 돌 수 있는 길이라고 한다.

팔달령역에서 고갯길을 올라가면 성문이 보인다. 성문을 지나 광장으로 나가면 그곳이 바로 팔달령이다.

건너편 오른쪽이 비교적 오르기 쉽기 때문에 사람이 많다. 왼쪽은 바로 급한 경사길로 시작되지만 4번째 성루까지 오르면 정상이 서쪽의 산들을 싸고돌며 이어지는 것을 볼 수 있으므로 그곳으로부터 오르는 것이 좋다.

오른쪽은 2번째 성루까지는 완만하지만 이후는 급해진다. 비가 오는 날이나 눈이 남아 있는 날은 주의하도록 해야 한다. 더 올라 가려면 2시간이 걸린다.

왼쪽은 왕복 1시간, 오른쪽은 2시간 가까이 걸린다. 양쪽에 모두 올라 역사를 느껴 보고 싶은 사람이라면 5시간 정도는 계획해야 할 것이다.

묘향산

'명승의 산' 묘향산은 해발 1,909m의 비로봉을 주봉으로 1,500m이상의 봉우리들이 모여 이루어져 있다. 묘향산이란 이름은 향나무, 측백나무 등 숲이 울창하여 그 향기가 산 전체를 덮고 있으며 산 모양이 매우 기묘하고 신비로운 데서 유래됐다고 한다. 주요 관광 코스는 상원동, 만폭동, 문수동 및 칠성동이며 용연 폭포를 비롯해 많은 폭포가 있다. 상원암에서 동쪽 약 2km지점에는 이조 500년간의 실록을 보존하고 있는 불영대가 있고 보현사의 장경각에는 '팔만 대장경'과 목판 활자가 보존돼 있다. 묘향산에는 약 660여 종의 식물이 분포해 있고, 33종의 동물, 200여 종의 조류, 7종류의 파충류 등이 서식하고 있다. 평양으로부터 149km 거리에 위치해 있으며 열차로 2시간 30분, 승용차로 2시간이면 갈 수 있다.

묘향산의 특산물로는 향나무, 박달나무 등에 꽃이나 새의 장식 모양을 입힌 나무 공예품과 포도주의 일종으로 입맛이 부드러우며 향기가 좋은 인풍주 등이 유명하다.

⑥ 传统食品介绍
传统食品应介绍其历史、味道、营养及制造原料和方法等。

김 치

김치는 무나 배추를 소금에 절여 둠으로써 짠 데서 잘 자라는 미생물을 이용해 발효시킨 식품이다.

한국사람은 삼국시대 때 이미 김치를 많이 담가 먹은 것으로 추정된다. 그러나 그때까지는 김치에 고추를 쓰지 않았다.

조선시대에 들어와서야 고추의 수입으로 김치에 일대 혁신이 일어나게 되어 고추가 들어간 오늘과 같은 김치 형태로 되었다.

김치를 담그는 데 쓰이는 가장 대표적인 재료는 배추와 무로 여기에 고춧가루, 파, 마늘, 생강 등이 양념으로 들어가고 새우젓, 멸, 치젓 등 각종 젓갈도 넣는다.

김치종류는 쓰이는 재료나 지역, 계절에 따라 여러가지가 있는데 약 70여종의 김치가 있다고 한다. 봄에는 나박김치, 햇배추김치, 여름에는 열무김치, 오이소박이, 배추김치, 오이김치, 가을에는 통배추김치, 깍두기, 알티리김치, 갓김치 등을 흔히 볼 수 있고, 겨울을 대비하여 11월말이나 12월초에 김장이라 하여 통배추김치, 동치미 등 여러 종류의 김치를 한꺼번에 많이 담궈 저장해 놓고 봄이 될 때까지 먹는다.

오리구이(구운노리)

중국에는 몇 천 년 동안 전해 내려 온 궁정요리와 귀족요리와 더불어 전통적인 민간요리의 종류도 많은데, 그중 가장 유명한 북경요리를 들라고 한다면 역시 북경오리구이일 것이다.

북경오리구이는 이슬람요리에서 유래됐다고 한다. 우선 북경오리구이는 그 재료로 되는 오리를 기르는 방법이 독특하다고 한다. 즉 부화시켜 한 달 정도 되는 새끼오리를 좁은 우리 안에 움직이지 못하게 묶어 놓고, 입을 벌리게 한 다음 목구멍에 강제로 사료를 밀어넣어 준다는 것이다. 이렇게 운동을 못하게 하고 영양을 충분히 공급하면서 보름 정도를 키우면 새끼오리는 처음보다 몇 배나 살이 찐다는 것이다.

북경오리구이는 조리하는 방법 또한 독특한데 반드시 대추나무로 굽는다 한다. 먹는 방법도 독특하다. 얇게 썬 구운 오리 고기를 파, 달콤한 된장과 함께 얇고 동그란 밀가루 전병에 싸서 먹는다.

⑦ 节日介绍

节日应该介绍其时间、由来、饮食及节日活动等。

추 석

　　음력으로 팔월 십오일은 추석이다. 이 날은 한가위 또는 중추절이라고도 하는데 설과 함께 한민족의 가장 큰 명절이다. 추석이 가까워지면 고향에서 집안식구와 함께 지내려는 귀성객들로 역마다 큰 혼잡을 이룬다. 추석은 수확을 하는 계절이고 일년 중 달이 가장 밝은 날이어서 풍요롭고 흥겨운 명절이다.

　　이 날 조상을 기리며 차례를 지내고 성묘를 한 다음 새로 나온 과일과 곡식을 나누어 먹는다. 대표적인 추석 음식으로 송편이 있다. 송편은 반달모양으로 빚어 만드는데 떡 맛과 깨나 콩으로 된 소의 맛이 한데 어울려 명실공히 한국떡의 맛을 대표한다고 할 수 있다.

　　추석날 즐기는 놀이로 씨름과 강강술래가 있다. 씨름은 남자들이 하는 놀이다. 동네의 넓은 마당이나 백사장에서 씨름판이 벌어지면 사람들이 그 주위에 빙 둘러 앉아 장사들이 힘과 기술을 겨루는 모습을 지켜 본다. 씨름을 가장 잘 한 사람이 천하장사가 된다.

　　강강술래는 한국 여자들의 놀이 가운데 가장 율동이 뛰어난 놀이다. 둥근달이 뜨면 한복을 곱게 차려 입은 여자들이 원을 그리며 춤을 춘다. 이때 부르는 노래에 강강술래라는 후렴이 있어서 이 놀이를 강강술래라고 한다.

2. 书信(서신)

书信是相距两地的人为相互传递消息,增进了解和友谊而写的文章。

(1) 一般书信

普通书信由以下六部分组成。开头:写收信人的称呼。问候:包括季节及有关对方健康情况的问候,也可说明自己的情况。信的内容:写上自己想表达的意思,使对方了解自己写信的原因或目的。最后的问候:写对对方的祝福或期望。日期、署名。

① 称呼

给长辈写信时,通常在长辈的称呼后加"-님",也可以加"-께"。常见的格式有:

아버님 보(시)옵소서

그리운 어머니께

선생님께 드립니다

형님께 드립니다

给同辈人或比自己年龄少的人写信时,通常也应该采用比较正式的称呼。这时通常在称呼后加"-에게"或"-께"。

장 선생님께

이 과장에게

老师给长大成人的学生写信时用"철수군에게"比较合适;父母给子女或者给比自己年龄相差较大的成年人写信时,采用的格式较为随意,通常在名字(或其他称呼)后面加上"-에게"。

　　왕화군에게
　　정식에게

② 署名

在信的末尾署名时,古时通常在自己名字后面加上"배상""상서""배백"等。给父母亲写信时,通常署名为"소자 ○○○상서"。现在的署名,对老师,通常在名字后面加"학생 ○○○ 올림(드림)"。子女给父母写信时,署名为"아들(딸) ○○○ 올립니다(드림)"。注意:此时只写名字不写姓。给同辈人写信同样用"○○○ 드림",给晚辈写信时用"○○씀"。如有追加内容可放在名字之后。

편지(1)

　　그리운 어머니께
　　그간 안녕히 계셨습니까? 아버지께서도 건강하시고 유진이, 태식이도 잘 있는지요? 저도 이곳에서 잘 지내고 있습니다. 지난 이주일 동안 시험 공부하느라고 정신없이 바빴습니다. 오늘 마지막 작문 시험을 치고 기숙사로 돌아와 쉬다가, 문득 집 생각이 나서 편지를 씁니다. 지금쯤 뒷마당의 감나무에는 감이 제법 열렸겠군요. 집을 떠난 지 이제 이 개월이 다 되어 갑니다. 그렇게 낯설던 서울 생활이 조금은 익숙해졌고, 친구들도 몇 명 사귀었습니다. 만날수록 마음에 드는 친구들입니다. 방학 때 어머니께 한 번 소개시켜 드리겠습니다. 참, 다음 달 첫번째 일요일이 아버님 생신이지요? 그 때쯤 시간을 내서 내려가겠습니다. 아버지께 안부 전해 주십시오. 그럼 안녕히 계십시오.

2015.10.20
서울에서 태영 올림

　　추신(追伸): 어머니, 급히 책을 몇 권 사야 하겠는데 돈이 좀 모자랍니다. 그러니 돈 좀 부쳐 주셨으면 고맙겠습니다. 꼭 부탁드립니다.

편지(2)

　　선생님께
　　엊그제 떨어지는 잎들을 보면서 가을의 깊은 상념에 잠겼는데 벌써 등교실 코끝에 와 닿는 바람이 제법 싸늘하네요.
　　선생님, 안녕하세요. 저도 늘 열심히 공부하고 있어요.
　　고등학교 때 선생님께서 내 주신 글쓰기 숙제는 저에게는 정말 즐거웠어요. 가끔은 바로 전날 바쁘게 써 낸 적도 있지만. 정말 쓰고 싶은 생각이 너무 많아서 다 못 쓴 적도 있어요. 그때는 참 죄송했어요.

선생님, 지금도 일기는 꾸준히 쓰고 있어요. 일기를 쓰면서 늘 자신을 되돌아보라고 하셨던 선생님께서는 우리들에게 정말 많은 관심을 가져 주셨던 것 같아요. 저도 선생님이 되고 싶어요. 그저 공부만 가르치는 것이 아니라, 가르친 아이들이 모두 바르고 긍정적이며 훌륭한 인간이 될 수 있도록 그렇게 가르치고 싶어요.

요즈음은 새로운 대학 생활에 익숙하지 못한 탓인지 몹시 피곤해요. 하지만 곧 나아질 거예요. 열심히 공부해서 먼 훗날 마음껏 웃을 수 있도록 하겠어요.

선생님, 그럼 안녕히 계십시오.

2015년 5월 5일
○○○ 올림

편지 (3)

김사장님께

그 동안 안녕하셨습니까? 3월 18일에 보내 주신 팩스를 잘 받았습니다. 요즘 너무 바빠서 회답이 좀 늦어졌습니다. 죄송합니다. 요구하신 견적서를 다시 작성하여 보내 드리겠습니다.

그럼 안녕히 계십시오.

3월 20일
○○○ 드림

편지 (4)

은경아(에게)

나는 네가 아직도 어린 아이 같이 생각되는데 벌써 대학을 졸업한다니 실감이 잘 나질 않는다구나. 네 오빠나 언니의 졸업도 뜻 깊었지만 네 졸업이 내게는 더욱 감회가 깊다.

이제 나는 너의 아버지라기보다는 인생을 한 세대 먼저 산 선배의 입장에서 조언을 주고 싶다.

너는 착하고 진실하게 살아야 한다. 탁월하고 위대한 사람보다 선량하고 진실하게 사는 사람이 우리 사회에 더 필요하기 때문이다. 특히 신앙이 있어야 한다. 그것이 없이는 망망한 대해에서 표류하게 된다는 사실을 명심하여라.

시간이 흘러 네 삶을 마무리 할 때 조상에게나 후손에게나 한점 부끄림이 없이 인생을 살 만한 가치가 있는 것이었다고 말할 수 있기를 바란다.

2014년 2월 1일
아버지 씀

(2) 公务信函

公务信函一般比较简单,在不具体指明收信对象时,通常使用"○○주식회사 귀중",具体指明对象时,用"대표 이사　○○○ 귀하"。公文署名格式通常为"○○주식회사 사장 전태우 올림(드림)(注意:人名与职务不能颠倒写成"전태우 사장"。

① 贺信

贺信在日常交际时是非常必要的。贺信的格式是：开头为称呼语，正文开头可插入适当的问候语，内容表达要使对方感到饱含亲切的情谊。最后，首先要写日期，然后才能署名。写信时最好亲自执笔，至少应亲自签名。

개교 기념일 축하

○○대학교

총장 ○○○ 귀하

희망찬 새봄에 맞이하신 귀교의 창립 30주년을 진심으로 축하드립니다.

개교 이래 끊임없이 도전 정신으로 여러 어려움을 극복하고 오늘의 발전을 이룩해 낸 귀교의 성취는 학계의 자랑이자 귀감으로 평가되고 있습니다. 귀교로부터의 물심양면 지원에 감사드립니다. 앞으로도 더욱더 큰 발전과 업적을 이루시길 기원합니다.

축하의 의미로 화환을 보내드리오니 기쁘게 받아주시면 감사하겠습니다. 다시 한번 개교 30주년을 축하드립니다.

2015년 3월 18일
○○○ 대학교
총장 ○○○ 올림

생일 축하

왕선생님께

신록의 계절을 맞아 평안과 행복을 기원합니다.

이번에 경사스럽게도 환갑을 맞으신 것을 진심으로 축하드립니다. 더욱이 환갑년에 학생을 초대해 주셔서 영광으로 생각합니다. 기쁜 마음으로 참석하겠습니다.

선생님께서 건강하게 경사스러운 날을 맞이하시어 가족 여러분의 기쁨도 크시리라 생각합니다. 앞으로도 오래오래 장수의 기쁨까지 누리시며 항상 학생들을 가르쳐 주실 것을 기원합니다.

2015년 9월 8일
학생 ○○○ 올림

② 邀请函

在日常生活与社会交际中，经常需要发送邀请函。邀请函代表着对亲友和关系单位的诚意，其书写得当与否体现着本单位的形象。邀请函正文内不具体写称呼，也不写名。在正文的开头应插入适当的问候语。其内容应清楚地写明时间、地点以及与此相关情况的介绍，甚至包括可以利用的交通工具情况，周围停车场情况等。为确认对方是否接受邀请，应该把回执同邀请函装在同一个信封寄出去，并在函中加上请回函的说明。写信时要用敬语,力求言简意赅。

초 대 장

 댁내 건강과 행운이 언제나 함께 하시길 기원합니다. 평소에 베풀어 주시는 각별한 후의에 감사를 드립니다. 당사는 오는 4월30일 창립30주년을 맞게 되었습니다. 당사에서는 여러분을 모시고 다음과 같이 조촐하나마 기념 축하연을 개최할 예정이오니 바쁘시더라도 부디 참석하셔서 자리를 빛내 주시길 부탁합니다.

── 다음 ──

1. 행사일시: 4월 29일 (토요일) 오후 2- 5시
2. 장소: 조선호텔 연회장
3. 참석통지: 번거로우시겠지만 동봉한 엽서에 참석여부를 기재하셔서 4월 20일까지 도착되도록 알려 주시면 감사하겠습니다.
4 기타: 자가용으로 오시는 경우에는 조선호텔 주차장을 이용하실 수 있습니다.

2015 국제 논술 대회 참가자 안내문

 본 위원회에서는 다음과 같이「2015국제 논술 대회」를 개최하오니 추천된 학생들은 4월 17일 1시 40분까지 집결하여 이번 대회에서 좋은 성적을 거둘 수 있기를 바랍니다.

다음

대회 일시: 4월17일 2시~

준비물: 필기구

문의: (02)3453-3783

장소 문의: ○○ 대학교 국어교육과 (02)3601- 2553

안 내 장

_____귀하

본교의 2015학년도 졸업식이 아래와 같이 열릴 예정이오니, 귀하께서는 바쁘시더라도 꼭 참석하시어 자리를 빛내 주시면 감사하겠습니다.

아래

장소: 본교 운동장

일시: 2015. 2. 15 10:30

2015년 1월 5일
○○고등학교장 ○○○드림

 * 첨부: 본교 약도

③ 通知函

通知函用于业务往来,一般都有固定格式。除按格式书写外,正文开头应当插入适当的问候语。内容应当简单明了,注重实效。

출하 통고서

문서번호: 제2015-5호

수신: 대화 무역 주식회사 귀중

참조: 업무부장

제목: 상품(NO.225) 출하통지의 건

1. 귀사의 날로 번창하심을 기쁘게 생각합니다.
2. 지난 12월1일 FAX로 주문해 주신 상품(NO.225)을 동봉된 납품서대로 오늘 배로 발송했습니다. 도착하면 검수하여 주시기 바랍니다.

　먼저 출하했음을 알려 드립니다.

2015. 1. 8
신신개발주식회사
생산부장 유덕 드림
TEL: 5671-1234
FAX: 5672-1235
이메일: mail@21cn.com

착하 통지서

문서번호: 제2015-5호

수신: 신신개발주식회사

참조: 생산부장

제목: 상품(NO.225) 착하통지의 건

1. 귀사의 각별한 배려에 깊은 감사를 드립니다.
2. 지난 달 배 편으로 출하해 주신 상품(NO.225)이 오늘 도착했습니다. 조속히 검수한 결과 아무런 이상이 없습니다.
3. 물품 수령증을 함께 동봉하오니 확인해 주시기 바랍니다.

　먼저 급히 통지서를 보냅니다.

2015년 1월 20일
대한무역 주식회사
업무부장 김재민 드림

④ 委托函

在日常生活和业务往来中,不可避免地要产生一些需要相互协助办理的事情。在此种情况下,应以郑重的方式和诚恳的态度向对方寻求援助或请求帮助,此类信件称为委托函。委托函开头应插入适当的问候语,由于委托对方通常会给对方造成不便或麻烦,所以行文应体现出谦逊的态度。如是公司业务一般可使用固定格式。

위탁 편지

문서번호: 제2015-12호
수　신: 각 회사 대표이사 귀하
제　목: 제2회 ＸＸ동호회 참석 요청의 건
　　　　나날이 번창하심을 경축합니다.
　　　　평소에 베풀어 주신 각별한 후의에 깊은 감사를 드립니다.
　　　　다름이 아니오라 제2회 동호회를 다음과 같이 개최하게 되었습니다. 사업에 바쁘시더라도 부디 참석하시어 자리를 빛내 주시기 바랍니다.

──다음──

1. 일시: 1월20일 오후 2-5시
2. 장소: 워커힐 15층 대강당
3. 교통편: 지하철 2호선 강북역 하차 3번 출구

2015년1월6일
ＸＸ동호회
회장 장덕용 올림

⑤ 致歉函

致歉函是由于疏忽或过失给对方在物质及精神方面造成损害时,为向对方表示歉意而采取的一种方式。此种信函开头应插入适当的问候语。由于已经给对方造成了损失,所以应以坦率诚恳的态度及时向对方道歉,尽量提出一些补救措施,以此体现道歉的诚意。

사과 편지

문서번호: 제2015-15호
수　신: 대한무역(주)대표이사 귀하
참　조: 구매부장
제　목: 불량품 납입에 대한 사과의 건

1. 항상 각별한 관심과 성원을 베풀어 주심에 대해 깊은 감사를 드립니다.
2. 이번에 납입된 당사 제품 ○○ 때문에 귀사에 지대한 피해를 끼친 것에 뭐라고 말씀이 없습니다. 진심으로 깊은 사과를 드립니다.
3. 당사 기술개발부에서 즉시 불량품을 조사한 결과 지난달 15일 당사 협력업체로부터 납입받은 부품 ○○○의 일부에 문제가 있었던 것으로 판명되었습니다.
4. 다시는 이와 같은 과오가 발생하지 않도록 관계 부문을 철저히 관리할 것을 약속드립니다. 아울러 불량품에 대해서는 전량 사후 조치를 취하겠사오니 관용

을 베풀어 주시기를 부탁드립니다.귀사의 더욱 발전과 행운을 기원합니다.

2015년2월5일
대한 산업(주)
대표 ○○○ 올림

3. 电子邮件(전자우편)

电子邮件(E-mail)是通过网络连接的电子计算机来传递使用者之间信息的信件。使用电子邮件因为方便、快捷、节约、并可同时向多人发送,现在被广泛采用。

电子邮件发送时先要了解对方的邮箱号码,将其输入后,然后按一般书信格式发送。

应用电子邮件语言要简洁,有时还可以使用略语。

제 목:	국무총리님께 건의드립니다
글쓴이:	○○○
작성일:	○○○○년 ○○월 ○○일
내 용:	제대 군인 가산점 제도는 세계 유일의 분단 국가라는 우리의 특수한 안보 상황에서 국방의 의무를 성실히 마친 사람에 대한 최소한의 손실 보상 차원에서 시행되어 온 불가피한 제도인 것입니다. 최근 헌법 재판소가 평등권 침해라는 법리 해석으로 제대 군인지원법의 핵심 조항인 가산점 제도를 위헌으로 결정한 데 대하여 우리 6백만 재향 군인회 회원들은 절대로 수용할 수 없습니다. 지원병제를 채택하고 있는 미국에서도 공무원 채용 시험 때 참전 및 상이 군인에게는 가산점을 주고 있는데, 징병제를 채택하고 있는 분단 국가에서 이 같은 결정이 내려졌다는 것은 어불성설일 것입니다. 인생의 황금기에 2년 이상을 병영에서 희생한 사람과 그렇지 않은 사람이 똑같은 대우를 받는다면, 그것이 바로 역차별이 아니고 무엇이겠습니까? 헌법 재판소의 이번 결정은 신성한 국방의 의무가 '돈 없고 연줄 없는 사람만이 이행하는 것'이라는 풍토를 조장하지 않을까 크게 우려됩니다. 우리 재향 군인회 6백만 회원은 위헌 결정으로 야기된 현역 군인들의 사기와 제대 군인들의 복지에 폐해가 없도록 군필자 호봉인정 등 가산점 제도에 상응하는 특별법을 조속한 시일 내에 제정할 것을 건의드립니다. 또 병역 의무를 성실히 수행한 사람들이 상대적 박탈감을 가지지 않도록 병역 실명제를 시행하거나 각 정당들이 병역 미필자에게 공천권을 주지 않는 등 대책을 수립해 주시기 바랍니다.
첨부파일	

五、论文写作

论文是以某一论点为核心构成的文章,是作者对某一领域的某一现象、问题进行系统的、专业的探讨研究之后所写的文稿。

1. 论文的种类(논문의 종류)

按照写作目的可以把论文分为毕业论文、学位论文、期刊论文、学术会议论文等。

(1) 毕业论文(졸업논문)

毕业论文是高等院校毕业生根据所学专业理论较为系统地阐述剖析本专业某一问题或现象的文章。毕业论文是对学生总体知识能力的检验,使学生在正确理解、消化本学科专业理论、基本技能的基础上所进行的初步科学研究。毕业论文的质量高低也是衡量学生综合能力高低的标准之一。

(2) 学位论文(학위논문)

学位论文是学位申请者为申请学位而撰写的具有一定专业理论深度和广度的学术文章。学位论文又包括学士论文、硕士论文、博士论文三个层级,每个层级的要求也各不相同。

① 学士论文(학사논문)

学士论文是大学本科毕业生撰写的用来申请学士学位的论文。学士论文应该能表明作者在本专业确实已经较好地掌握了基础理论、专门知识和基本技能,并且具有从事科学研究工作的初步能力。学士论文要求能够正确、灵活地运用所学的知识,分析、解决本学科某一问题。

② 硕士论文(석사논문)

硕士论文是硕士研究生毕业时撰写的用来申请硕士学位的论文。硕士论文应该能表明作者在本学科上确实已经掌握了坚实的基础理论和系统的专门知识,并且具有从事科学研究工作的能力。硕士论文要求对所论专题有比较独到的见解。

③ 博士论文(박사논문)

博士论文是博士研究生毕业时撰写的用来申请博士学位的论文。博士论文应该能够表明作者在本学科上确实已经掌握了坚实、宽广的基础理论和系统、深入的专门知识,并且具有独立从事科学研究工作的能力,获得了创造性的成果。

(3) 期刊论文(투고논문)

期刊论文是为了积累科研成果,发表在学术刊物上反映自己科研成果的论文。

(4) 学术会议论文(학회발표논문)

学术会议论文是为某个专门或专题学术会议撰写的,用于开展学术交流或讨论的学术论文。

2. 论文的特点(논문의 성격)

论文具有以下主要特点：

(1) 独创性(독창성, originality)

独创性是论文的生命。学术论文要求作者有自己的见解并有独创性。所谓独创性，是指资料、方法、观点、结论的新颖或创新。论文在以上几个方面中至少有一项是新颖的，那么可以说有一定的独创性。

(2) 逻辑性(논리성, logicality)

学术论文阐明事理、发表见解必须以内在逻辑力量说服读者。论文不同于文学作品，不是以感情、情绪渲染打动读者。如果论文思维混乱，条理不清，即使观点和方法再新颖，材料再充分，其价值也得不到应有的评价。

(3) 客观性(객관성, objectivity)

整个论文的写作过程，从预测目标、确定选题、收集资料、确立论点到起草、修改、定稿等，要坚持科学的态度，运用科学的方法，要从客观实际出发，在可靠、详实的材料基础上作出符合客观实际的正确判断，得出科学的结论。

3. 毕业论文的结构(졸업 논문의 구성)

论文一般由前置，主体，后置三个部分构成。

前置部分	题名页(논제표지), 序言(서언, 根据需要取舍), 摘要(요지), 目录(목록), 关键词(키워드), 图表目录及插图目录(도표 및 삽화 목록, 根据需要取舍)
主体部分	正文(본문), 参考文献(참고문헌)
后置部分	附录(부록, 根据需要取舍), 索引(색인, 根据需要取舍)

毕业论文主要包括题目、摘要、关键词、序论、本论、结论、参考文献和附录等。下面主要介绍论文题目、摘要、正文以及参考文献。

(1) 题目(제목)

题目是论文主要内容或论述范围的高度概括。题目应该准确、简明并能高度概括主题内容或标明课题，其中的每一个词语应该有利于选定关键词和编制索引。韩国语论文题目中经常出现的词语有"~에 대하여""~에 대한 고찰""~의 연구""~의 분석""~비교 연구""~의 ~적 연구""~의 특징(특성)""~의 문제점""~의 몇 가지 문제""~에 대한 사고""방법의 모색""~의 영향""~에 대한 소고(小考)"等。

题目字数一般不宜超过20个字。如果题目语意未尽，需要补充说明时也可以用副题。

(2) 摘要(요지)

摘要是毕业论文内容的不加注释和评论的简短评述,要求以精练的文字对论文的内容、观点、方法、成果和结论进行高度概括。摘要具有独立性,只阅读摘要,不阅读论文的全文,就能获得必要的信息。韩国语论文摘要一般不宜超过600字。

摘要还包括论文题目、作者、关键词(Key words)。关键词是能够表达论文主题内容和属性特征的单词或术语。关键词的排列,按照意义从大到小,从内容到形式的排列顺序,中间用空格或分号隔开。关键词一般3~5个。

(3) 序论(서론)

论文的正文由序论、本论、结论构成。序论的内容一般包括以下几个方面:① 研究本课题的理由,包括研究工作的目的、范围、相关领域的前人研究和知识空白等。② 本课题的理论依据、研究设想、研究方法等,可能出现的问题和解决的办法,对采用的方法、概念和术语的解释和说明等。③ 预期的结果或结论及其意义。

(4) 本论(본론)

本论为论文的主体,它所要表达的主要内容是作者对课题所作的周详分析和所提出的看法和意见。它是作者研究成果的具体描述。因此,要求这一部分内容充实,论据充分、可靠,论证有力,主题明确。

本论的结构根据需要有不同形式,常见的有并列式,递进式,过程式和综合式等。

(5) 结论(결론)

结论部分是经过严密的逻辑推理所作出的最后判断。它是对论文全部观点的总结和概括。结论的内容一般包括:① 研究结果说明了什么问题,得出了什么规律,解决了什么理论或实际问题,对前人的有关问题的看法作了哪些检验,哪些与本研究一致,哪些不一致;② 本文作了哪些修改、补充、发展、证实或否定;③ 结论的适用范围,尚待解决的问题,进一步研究的思路等。

(6) 参考文献(참고문헌)

参考文献包括两项内容:一是论文中引用的他人的成果及文献;二是参考过的书籍与资料。

参考文献排列方法有以下几种:一是按文献作者姓氏字母顺序;二是按所采用文献的重要程度;三是按选用顺序先后。在我国中文论文第三种方法较为常用,韩国语论文主要用第一种方法。

4. 毕业论文的基本要求(졸업 논문의 요구 사항)

论文写作要做到内容统一,前后衔接,简洁易懂,符合逻辑,修辞得当,注意格式。

5. 毕业论文的写作程序(졸업 논문의 작성 순서)

(1) 确定题目
选题一定要选有创意和有价值的论题,但也要选写自己熟悉并有兴趣能够完成的选题。

(2) 搜集材料
在广泛搜集材料的基础上,进行分类整理,去粗取精,去伪存真,做好归纳整理工作。

(3) 制订写作计划和提纲
制订计划要切实可行。计划包括研究题目、研究目的、研究方法、研究内容的概要、研究范围、国内外学界研究动向、预想的结果等。为了按规定页数完成论文并按期提交,拟订文章的提纲是十分重要的。拟订提纲时需要注意以下几点。

① 先确定结论、意见、总结等重要事项的结构。
② 把正文细分为几个部分,确定合适的标题、小标题。
③ 在最后汇总详细的参考资料文献。
④ 列出目录,根据需要可以加附录或索引。

在此基础上,结合论文的目的、内容、字数等,确定合适的文章结构。下面举例说明如何拟订论文提纲。

정철의 정치의식

―〈관동별곡〉을 중심으로―

주제: 정철의 가사〈관동 별곡〉에의 그의 정치적 이상과 신념이 강하게 표출되어 있다.

내용: 1. 서론: 연구 목적, 연구 방법, 연구 범위
   2. 본론:
    (1)〈관동 별곡〉에 대한 기존 논의의 검토
    (2)〈시미인곡〉,〈속미인곡〉,〈성산별곡〉과의 비교
    (3)〈관동별곡〉의 정치 의식
   3. 결론: 요약, 논문의 한계, 이후의 과제

---

(4) 归纳详细概要
必要时还应归纳较详细的概要,以下为目录式概要。

> 한국산업의 관련 효과 분석
> —국제 비교와 역사적 비교
>
> 1. 서론
>   1) 연구의 목적
>   2) 산업 관련 효과 분석의 중요성
>   3) 접근 방법
>   4) 산업 관련 효과 분석의 자료
> 2. 산업 관련 효과 분석의 기본 모형
>   1) 투입 산출의 기본 원리
>   2) 산업의 분류
>   3) 산업관련표의 형식
>   4) 산업 관련 효과의 분석 모형
> 3. 한국 산업 관련 효과 분석
>   1) 경제 전체의 연쇄 효과 분석
>   2) 산업 연쇄 효과 분석
>   3) 산업 분류 방식에 의한 연쇄 효과의 분석
>   4) 거래 행렬의 삼각 배열에 의한 분석
>   5) 산업기법에 의한 분석
>   6) 중간 수요에 의한 분석
> 4. 결론

(5) 正文写作

概要写好后可进行正文写作，下面是一篇比较典型的论文。

도덕교육에 있어서 지와 행의 관계

1. 문제의 제기

수세기에 걸쳐 도덕철학자들은 도덕적 실천(행위)을 도덕 영역의 중심적 부분으로서 간주해왔다.[1] 실제로 이점은 도덕철학이 보여왔던 여타의 쟁점들에 대한 불일치와는 달리 도덕철학자 일반의 합의를 얻고 있다고 보아도 무방한 부분이다. 우리들이 덕스럽게 되는 것이다."[2] 사람들에게는 근본적으로 도덕적 관심이 있다는 점을 당연히 전제하고 있기 때문이다.[3] 본 논문에서는 주지주의 도덕교육이 학생들의 '알면 행할 것'이라는 생각에 지나치게 집착한 나머지 결과적으로 도덕교육에서 도덕적 실천을 제외시키고 있다는 점을 지적하고자 한다.

2. 도덕적 지와 행에 대한 지식적 접근

2.1. 접근의 개요

주지주의 도덕관은 도덕적 지와 행의 연속을 주장한다. 즉 도덕적 판단과 도덕적 행위 사이의 관계를 매우 밀접하게 해석하는 것이다. 이에 의하면 도덕적 행위의 관건은 도덕적 지식의 앎 일부에 의존한다. 도덕적 행위를 했다는 것은 지식이 있다는 것이고, 비도덕적 행위를 했다는 것은 도덕적 지식을 모르기 때문이다. 주지주의 도덕관은 도덕적 지식과 도덕적 행위를 논리적인 측면에서 어떻게 연관짓고 있는가? 이 방식은 도덕적 지식에서 도덕적 행위를 통합해나가는 접근이다. 즉 이 접근은 도덕적 행위를 도덕적 지식으로 환원하는 형태를 취하는 것이다. 이를 위하여 이 도덕관은 도덕적 행위에 관계되어 있는 것으로 보이는 특정의 도덕적 지식을 설정하거나 분석한다. 이때 도덕적 지식은 도덕적 행위엔는 충분한 것으로 간주되기에, 궁극적으로 도덕적 행위는 도덕적 지식으로 환원되는 것이다.

2.2. 도덕적 지와 행와 연속방식

주지주의적 비행의 연속은 하나가 아니라 여러 개다. 특정한 행위 동기의 유무에 초점을 두어 대략 다음과 같이 두 형태로 나누고자 한다. 하나는, 특정한 행위 동기를 가정하는 입장(RX)이나 다른 하나는 특정한 행위동기를 가정하지 않는 입장(RY)이다. RX는 특정한 행위 동기가 이미 주어졌다고 생각한다고 하였다. 대부분의 철학자들은 이 동기를 사람의 자연적 분석에 의거하여 획정하는 방식을 사용해 왔다. 목적을 추구하는 방식은 사람마다 다를 수 있으나 목적을 추구한다는 것은 피할 수 없는 사실이라는 것이다 RY는 RX와 같이 특정한 동기를 가정하는 방식은 사용하지 않는다. 이것은 도덕적 지식을 가지고 직접적으로 환원하는 방식을 취하는 것이다. 이를 위하여 이 방식은 우선 도덕적 지식을 분석한다. 즉 도덕적인 지식을 가졌다고 할 때 갖추어야 하는 요건을 찾아내고자 한다는 것이다. 하나의 말은 일상적 삶 속에서 사용되는 동안에 나름의 역사를 지니며 생성 변형되어 왔으며, 그러는 동안에 여러 가지 상이한 용도를 가지게 되었기 때문이다. Russell은 믿음이 주체와 대상 사이의 다항적이고 복잡한 관계에서 성립한다는 견해를 채택하면서 믿음은 이후의 사실에 의해 검증됨으로써 참이나 거짓으로 판명된다고 하였다.[5]

2.3. 도덕적 지와 행위연속 방식의 오류

어떤 주장이든지 하나의 주장이 타당성을 획득하기 위해서는 최소한으로 갖추어야 하는 한 가지 요건이 있다. 그것은 하나희 주장이 확실한 기초 위에 입각해 있어야 한다는 점이다. RX는 도덕적 행위의 동기가 되는 사람의 자연적 본성이 미리 주어져 있다고 생각하였다. (1) 인간의 자연적 본성은 여러 가지로 설정 가능하다는 점이다. 그렇지만 이러한 방법은 분명히 문제가 있다. 첫째, 인간의 자연적 본성은 여러 가지로 설정 가능하다. 인간의 행위 동기인 자연적 본성을 단일적으로 획정할 수 있다고 하더라도 이것을 결정론적 시각에 입각하여 보는 태도는 잘못되어 있다. RY는 도덕적 지식을 지나치게 축소하여 해석하고 있다. RY는 특정한 도덕적 행위의 자연적 동기를 가정하지 않고 직접적으로 도덕적 지식에서 도덕적 행위로 이행하는 방식이다. 그렇지만 이 환원은 문제가 있다. 첫째, RY는 앎으로 환원하는 것이 아니다. RY는 도덕적 지침, 판단, 추론 등이 믿음에 대하여 가지는 관계를 미루어 놓은 채, 안하는 것은 아는 태도이다. 그러나 우리는 동시에 지식이 반드시 믿음을 동반한다고 가정할 이유 역시 하나도 없는 것이다. 셋째, RY는 두번째에서의 비판을 극복한다고 하여도 여전히 결점을 가진다. 아 결점은 이미 RX에 대한 비판 세번째에서 제기된 것과 동류의 것이다. 요컨대 주지주의 도덕관은 지나친 전제에서 출발하는 방법적 오류를 범하고 있다. 주지주의 도덕관의 결함은 우리로 하여금 다른 방법적 접근을 요구하고 있다. 그러나 요구되는 전제는 주지주의 도덕관에서와 같이 강한 것이 아니다. 이 전제는 누구나 동위할 수 있고 그래서 어떻게 보면 다룰 필요성이 전혀 없다고 생각되는 당연한 전제여야 하는 것이다. 이 약한 전제로부터 출발해야만 결과의 확실성이 보장되기 때문이다.

3. 도덕적 지와 행에 대한 행위적 접근

3.1 접근의 개요

이 장에서 우리는 도덕적 지와 행에 대하여 앞서의 접근과는 정반대의 접근법을 사용하고자 한다. 즉 도덕적 행위를 도덕적 지식의 측면에서 규정하는 것이 아니라 도덕적 행위 자체에서 그것에 관련된 요인들을 찾아내고자 한다.

이를 위하여 이 장에서는 분석의 대상으로서, 일사의 도덕적 행위를 설정하고자 한다. 이는 일상의 모든 도덕적 행위를 도덕적인 것으로 받아들이는 태도이다.

3.2 도덕적 행의 행위적 측면

도덕적 행위는 자체내에 훈련의 측면을 포함하고 있다. 직감적으로 생각할 때, 도덕적 행위를 처음부터 자연스럽게 할 줄 하는 사람은 없다고 하겠다. 도덕적 행위는 여러 상황에서의 시행 착오적인 실행을 통하여 형성되는 것이 보통인 것이다. 본 절에서는 이러한 확신을 행위에 대한 Ryle의 분석을 원용함으로써 논의해 보고자 한다. 그것은 규칙 적용 능력 혹은 성향이라고 하고 있다.

성향적 속성을 가진다는 것은 …. 그럴 가능성이 많다는 것이며 혹은 반드시 특정한 변화를 경험한다거나 그럴 가능성이 많다는 것이다.[7]

3.3 도덕적 행의 지식적 측면

앞절에서는 도덕적 행위에는 도덕적 지식 아닌 훈련의 요소가 있음을 논의하였다. 그렇지만 앞절에서 도덕적 훈련만을 도덕적 행위의 한 요소로서 논의하고 도덕적 지식에 대하여 직접적인 논의를 하지 않은 것은, 본 논문이 주지주의의 도덕적 지식관에는 동의하고 있다는 인상을 줄 우려가 있다.

그래서 본절에서는 이러한 인상을 피하고, 도덕적 지식에 대한 생각을 보다 명백하게 하기 위하여 도덕적 지식 자체에 대해 언급하고자 한다. 이 절에서는 도덕적 행위에 관련된 도덕적 지식은 주지주의에서와 같이 명제에 대한 단순한 기억이나 학문적인 사고의 능숙성으로만 규정할 수 없다는 점을 논의한다.

　즉 일상의 도덕적 행위에도 도덕적 지침에 대한 앎이나 도덕적 추론이 개입되는 경우도 없지 않으나, 일상적인 도덕적 사고에는 보다 본질적 측면이 있는 것이다…. 우리는 일상의 도덕적 행위에 관련된 이와 같은 도덕적 사고를 '도덕적 이해'라고 부르고자 한다…. 그것은 외양적으로 바라볼 때 불규칙적이기는 해도, 동시에 합리적이며 우리에게 파악 가능한 종류의 지식으로 생각하며, 나아가 도덕적 세계를 포함한 세계 전체를 근거 짓는 궁극적 근원으로서 작용한다고 보고 있다.

4. 도덕적 이해의 성장과 도덕교육
　이 장에서는 이러한 도덕적 이해의 성장이 도덕교육이 기본적으로 지향할 바라고 파악하고자 한다. 일상생활의 전반적인 학습을 통해 도덕적 이해가 성장한다는 것은 도덕교육에 밀접한 것이다. 학습의 개념과 성장 혹은 발달의 개념은 교육에 있어서는 중요한 것들이다. 그러나 이 장에서는 도덕교육을 도덕적 이해로서만 한정시키지는 않는다. 도덕적 이해 이외의 다른 도덕교육이 존재하는지를 아울러 보게 될 것이다….

5. 요약 및 결론
　학교 도덕교육이 도덕적 명제를 암송하거나 합리적·도덕적 추론에 관계해야 한다는 주지주의 도덕교육관은 소크라테스(Socrates) 이후 줄곧 유지되어 왔던 관점이었다. 본 논문의 목적은 이러한 주지주의 도덕교육관의 핵이라 할 수 있는 도덕적 지와 행에 대한 기본 가정에 대하여 의문을 제기하고 대안적 파악 방식을 제시하는 데 있었다. 제2장에서는 주지주의 도덕관을 그 환원 방식에 따라서 두 가지로 구분하였다…, 그렇지만 이런 도덕관은 분석의 결과라기보다는 확인되지 않은 가정일 뿐이었고, 일상의 도덕을 비도덕으로 만드는 의도하지 않은 결과를 가져오는 어려움을 가지고 있었다.

　그래서 제3장에서 지식을 우선적으로 하지 않고 반대로 행위로부터 지식으로 접근하는 방식을 채택하였다. 제4장에서는 제3장의 논의를 기초로 도덕교육에 대한 함의를 고찰해 보는 것이 주된 목적이었다. 그 분석의 결과는 다음의 네 가지로 압축된다.

　(1) 학교 도덕교육은 전반적인 도덕적 훈련과 도덕적 이해의 성장의 한 과정으로서 생각되어져야 하며 학습자의 도덕적 이해에 개입해야 한다.

　(2) 학교 도덕교육은 명제에 대한 앎이나 명제의 합리적인 추론과 같은 합리적 지식에 지나치게 집착해서는 안된다. 오히려 그것은 전반적인 도덕적 이해를 촉진하는 한 요소로서 파악되어져야 하며 그럴 때에만 도덕적 행위에 의미가 있다.

　(3) 학교 도덕교육은 도덕적 이해 외에도 도덕적 동기에도 관계해야 한다. 도덕적 지식과 행위는 사실상 종합이 불가능하다.

(4) 학교 도덕교육은 학습자의 자율적인 도덕적 승인을 보장한다면 어떠한 방법도 도입이 가능하다. 학교 도덕교육은 어떤 특정한 방법을 전제하지 않는다.

참고문헌
서영현. "도덕교육의 내용과 목표에 관한 연구" 서울대학교 석사학위논문, 1980.
Winch, J. P. The Idea of a Social Science and It's Relat-ion to Philosophy. London: RKP, 1958.
※ 脚注从略

六、韩国语能力考试写作备考练习

在韩国语能力考试时，写作往往是考生感觉最难的一个部分。其原因主要在于写作时需要综合考查考生的多项能力，即正确使用拼写、恰当运用词汇、准确构成句子和完美进行表达等。由于考生在考试时需要用其非母语的韩国语来表达自己的观点，所以写作使大多数考生感到困难。

改革后的韩国语能力考试在写作部分共设四个考题。第一题和第二题为句子构成题，主要考查方法是让考生根据上下文意思分析出前后句的关系，填写一到两个句子；第三题和第四题为段落构成题和文章写作题，主要写与日常生活或社会生活有关的说明文和议论文。

关于此部分的阅卷得分，是由多名阅卷者评卷后打分，给分的重点是通过文章判断考生是否正确地使用词汇和语法，以及所写文章的结构是否严密。

虽然韩国语能力考试中写作部分仅设四个试题，但由于所有题目都是主观题。因此，较其他考题来说需要考生做出更多努力，才能取得好的成绩。

考生应根据改革后的韩国语能力考试写作题型，结合附录二提示的主题及附录三列出的词汇反复进行练习，就可提高写作水平。

1. 句子构成练习（문장 구성 연습）

"句子构成"题是指考试时，题目所给的短文内存在空白部分，需要考生根据前后文的意思，判断出空白部分的大概内容，在字数或句子数限制的情况下，补填出空缺部分，使其变成一篇完整的短文。

补填的空缺部分要表达准确、贴切，并与整个文章表达的意思保持一致。短文经常使用的素材一般是从我们熟悉的应用文和说明文中抽取4到5个句子，构成1个短文。

[보기]

한 번 가진 습관은 좋은 것이든 나쁜 것이든 쉽게 바뀌지 않는다. 그래서 （ ㉠ ）. '세살 버릇 여든까지 간다'는 속담을 알고 있을 것이다. 어릴 때의 （ ㉡ ）. 나쁜 습관은 고치기 어려우므로 좋은 습관을 가질 수 있도록 노력해야 한다.

[풀이]
㉠: 처음부터 좋은 습관을 기르는 것이 중요하다.
㉡: 습관은 평생 우리에게 영향을 준다는 의미이다.

[연습문제1]

가: 여보세요, 거기가 010국의 2345국이지요?
나: 예, 그렇습니다만 （　㉠　）?
가: 장건위 씨 계십니까? 계시면 좀 바꿔 주십시오.
나: （　㉡　）. 오늘 저녁 비행기로 돌아오시는데 누구시라고 할까요?

㉠ _____

㉡ _____

[연습문제2]

가: 이번 국경절 연휴에 뭘 할 거예요?
나: （　㉠　）.
가: 어디로 갈 거예요?
나: 서울에 갈 거예요. 부모님이 꼭 서울에 한번 가보고 싶으시대요.
가: 비행기 표를 예약했어요?
나: 아니요, （　㉡　）.

㉠ _____

㉡ _____

[연습문제3]

가: 어서 오세요. 어떻게 오셨어요?
나: 한국에 이 소포를 부치고 싶어요.
가: （　㉠　）?
나: 겨울 옷과 편지예요. 며칠쯤 걸릴까요? 빨리 보내야 하는데…
가: 보통 우편으로 보내면 일주일쯤 걸릴 거예요. 특급 우편으로 보내면 3일쯤 걸릴 거예요.
나: 그럼 （　㉡　）.

㉠ _____
㉡ _____

[연습문제 4]
지난 여름 방학 동안 아르바이트를 했다. 힘들었지만 (㉠   ). 첫월급을 어떻게 써야 할지 고민하지 않았다. 받은 월급을 (㉡   ). 어머니께서는 월급을 받으시고 눈물을 흘리셨다.

㉠ _____
㉡ _____

[연습문제 5]
제 고향을 소개해 드리겠습니다. (㉠   ). 베이징은 중국의 정치, 경제, 문화의 중심이고 역사문화 명도시입니다. 당연히 먹거리와 볼거리들이 아주 많습니다. "장성을 보지 않으면 사나이가 아니오, 구운오리 요리를 먹지 않으면 정말 유감이다."라는 말이 있습니다. 베이징을 관광하는 분들은 대부분 만리장성을 다 봅니다만 만리장성을 본 다음 (㉡   ).

㉠ _____
㉡ _____

[연습문제 6]
요즘은 영상매체의 발달로 외모지상주의가 판치고 있다. 예뻐지고 젊게 보이려고 (㉠   ). 예전에는 여성들만 성형하는 것으로 생각했지만 (㉡   ). 심지어 젊은 층에서는 '못생긴 건 용서할 수 없다'라는 말까지 유행되고 있다. '예쁘고 잘생겨야 시집 장가 잘 가는 세상이다'라는 말이 빈말은 아닌 세상이다.

㉠ _____
㉡ _____

[연습문제 7]
어느 심리학자의 말에 따르면 자신이 행복하다고 생각하는 사람은 다른 사람과 자신을 비교하지 않는다고 한다. 그런데 어떤 사람은 (㉠   ). 이런 사람은 처음엔 겉으로 보이는 단순한 면만을 비교하면서 자신이 다른 사람보다 낫다고 여겨 우월감을 가진다. 그러나 자기 자신을 다른 사람과 비교할수록 점점 더 장점보다는 단점이 눈에 들어오게 되어 결국은 (㉡   ).

㉠ _____
㉡ _____

[연습문제8]

춤을 배우기가 쉽지는 않다. 음악은 신나지만 발이 음악에 맞추어 움직이지 않아 어렵다. 그래서 그런지 춤을 추다가 (㉠   ). 그러나 매일 매일 열심히 연습하면 언젠가는 잘 할 수 있다. 자기를 믿는 믿음이 중요하다. 그러므로 (㉡   ).

㉠ _____
㉡ _____

[연습문제9]

식물을 잘 자라게 하려면 햇빛을 많이 받을 수 있도록 하고 물을 자주 주는 것이 중요하다. 하지만 모든 식물이 그런 것은 아니다. (㉠   ). 예를 들어 선인장과 같은 식물은 한 달에 한 번만 물을 주면 되는데, 자주 물을 주게 되면 뿌리가 썩기 때문이다. 따라서 식물을 잘 키우려면 (㉡   ).

㉠ _____
㉡ _____

[연습문제10]

세상은 동전의 앞뒷면과 같다. 밝은 면이 있으면 (㉠   ). 때로는 모호해서 앞뒤를 가리기 어려운 경우도 많다. 여기서 중요한 것은 세상은 어느 한쪽만 있지는 않다는 것이다. 이왕이면 부정적인 마인드로 스트레스 받으면 살아가기보다는 (㉡   ).

㉠ _____
㉡ _____

2. 段落构成练习(문단 구성 연습)

"段落构成"题是指试卷中给出与文章主题相关的部分信息,要求学生根据所给信息的内容,组织编写出200-300字左右表达得体的段落,在段落写作时,考生需要运用个人了解或大众熟知的素材,并根据段落类型和中心内容采用不同的写法。

[보기] 조기유학의 장단점에 대해 쓰고, 성공적인 유학을 위해서는 어떻게 해야 하는지 200~300자로 쓰십시오.

장점	단점
• 외국어를 배울 수 있다. • 선진 교육을 받을 수 있다. • 나이 어릴수록 언어를 빨리 배운다.	• 비용이 많이 든다. • 정상적인 가족 생활이 불가능하다. • 정체성 혼란을 겪을 수 있다.

[풀이]

　유학을 보내는 이유는 외국어를 자유롭게 구사할 수 있게 되기 때문이다. 나이가 어릴수록 외국어를 성인보다 더 빨리 배울 수 있다고 해서 모국어를 제대로 못 하는데도 조기 유학을 보내는 사람이 많다. 또 외국에서 공부하면 선진 교육을 받을 수 있다고 말한다. 그러나 유학 생활에는 큰 비용이 든다. 또 가족이 함께 살지 못하게 되어서 정상적인 가족생활이 불가능하게 된다. 따라서 본인의 의사를 존중해서 스스로 유학에 관해 결정할 수 있도록 해야 하고 정체성 혼란을 겪지 않도록 모국 문화와 언어를 습득한 후 유학을 가는 것이 좋다.

[연습문제1] 혼자 여행의 장단점에 대해 쓰고 즐거운 혼자 여행을 위해서는 어떻게 해야 하는지 200~300자로 쓰십시오.

장점	단점
• 가고 싶은 곳을 언제든지 시간을 내어 갈 수 있다. • 여행지 음식을 자유롭게 즐길 수 있고 좋아하는 요리만을 선택할 수 있다. • 쇼핑시 상대방을 배려하는 기다림이 없어 이동 시간을 단축하여 자유롭다.	• 명소에서 같이 대화하고 같이 감동할 상대방이 없어 외로움을 느낄 수 있다. • 다양한 메뉴를 선택할 수 없고 혼자서 먹는 쓸쓸함을 느낄 수 있다. • 쇼핑할 때 선택한 물품에 대한 조언을 들을 수 없다.

[연습문제2] 단체 여행의 장단점에 대해 쓰고 즐거운 단체 여행을 위해서는 어떻게 해야 하는지 200~300자로 쓰십시오.

장점	단점
• 낯선 곳에서 서로를 의지할 수 있고 많은 대화를 나눌 수 있다. • 여러 사람과 함께 여행지의 다양한 음식을 즐길 수 있다. • 쇼핑할 경우 상대방의 조언을 들을 수 있어 쇼핑이 더욱 즐겁다.	• 모이는 시간대에 몇 사람이 시간을 지키지 않으면 시간이 낭비된다. • 가끔은 먹기 싫은 요리를 먹어야 할 경우도 있게 된다. • 여행사가 안내하는 쇼핑장소에 가야 하는 때가 많다.

[연습문제3] 핵가족(nuclear family)의 장단점에 대해 쓰고 핵가족의 행복을 위해서는 어떻게 해야 하는지 200~300자로 쓰십시오.

장점	단점
• 가족 구성이 단순하여 가족 구성원의 생활 수준을 높일 수 있고 가족 간의 관계가 우애롭고 자유스러우며, 가족 개개인의 생활에 간섭을 덜 받는다. • 여성이 적극적으로 사회에 참여할 수 있으며 가족 구성원 간의 평등 관계를 확보할 수 있다. • 부모와 자식간의 대화를 많이 할 수 있다.	• 부부의 애정이 식으면 이혼하기 쉽고 부부의 이혼으로 자녀들이 심리적으로 불안정하여 가출 등 문제가 발생할 수 있다. • 노인이 옛날처럼 어른 대접을 받거나 자녀들의 보살핌을 받기가 어려워서 노인 문제가 발생할 수 있다. • 어려울 때 도와줄 가족이 적고 자녀가 외로움을 탈 수 있다.

[연습문제4] 확대가족(extended family)의 장단점에 대해 쓰고 화목한 확대가족을 위해서는 어떻게 해야 하는지 200~300자로 쓰십시오.

장점	단점
• 힘든 일을 도와줄 사람이 많다. • 자녀들이 예절을 많이 배울 수 있다. • 자녀들이 외롭지 않을 수 있다. • 현대사회 노인 문제를 해결할 수 있다.	• 개인의 사생활 보장이 어렵다. • 집안일이 어렵다. • 개인의 의견이 무시당할 수 있다. • 세대차이 때문에 갈등이 생길 수 있다

[연습문제5] 원자력 발전의 장단점에 대해 쓰고 현대 사회의 에너지 문제를 해결하기 위해서는 어떻게 해야 하는지 200~300자로 쓰십시오.

장점	단점
• 에너지를 공급하는 데 있어서 석유, 석탄 등에 비해 경제성, 효율성이 높다. • 이산화탄소 등 온실가스 배출이 아주 적어 지구 온난화에 미치는 영향을 감소할 수 있다.	• 발전시에 발생하는 방사선 및 방사성 폐기물은 지구 환경과 인체에 치명적인 독성을 가지고 있다. • 지진 등 만일의 경우 사고 발생시 그 위험 부담과 사회적 불안감이 크다.

3. 文章写作练习(글 구성 연습)

　　"文章写作"练习要求考生按照指定的主题和所提示的内容写作,从而考查考生是否能够写出符合相应主题及有关内容的文章。因此,考生需要准确把握文章的主题,确定自己的立场,表达同意或反对的观点,完成文章的写作。

　　终结词尾应统一使用叙述体,要避免使用'아/아/여요'等口语体的终结词尾;需要使用如'-ㄴ/는다,-다'等书面语的终结词尾。此外,考生写作时应该根据文章主题选用恰当的词汇和语法,并运用优美的表达形式。

[보기] 다음을 주제로 자신의 생각을 600~700자로 쓰십시오.

> 　　인터넷의 익명성으로 인해 생기는 피해를 줄이기 위해서 인터넷 실명제를 실시해야 한다는 의견이 있습니다. 이것에 대한 자신의 입장을 정해 아래의 내용을 중심으로 논리적으로 주장하는 글을 쓰십시오.
> • 인터넷 실명제를 호소하게 된 배경은 무엇입니까?
> • 인터넷 실명제에 대해 어떻게 생각합니까?
> • 그렇게 생각하는 이유는 무엇입니까?

[풀이]
　　인터넷은 가상공간이기 때문에 누구나 제약을 받지 않고 활동할 수 있다. 또한 아이디로 활동하므로 자신을 드러내지 않을 수도 있다. 이 때문에 인터넷의 익명성은 표현의 자유를 허락해주고 정치적인 견해 등 민감한 부분을 토론할 때에 더 자유로운 의사 표출이 가능하다.

　　하지만 인터넷의 익명성을 악용하는 사례도 많다. 명예 훼손이나 사생활 침해 등이 대표적인 사례이다. 그래서 나는 인터넷 실명제가 필요하다고 생각한다. 전면적으로 실명제를 사용할 수는 없겠지만 적어도 두 사람 이상이 대화를 나눌 수 있는 공간이라면 인터넷 실명제를 사용해야 한다고 생각한다. 인터넷 실명제는 네티즌의 실명 확인을 통해 참여가 이루어지는 것이므로 자신이 쓰는 내용에 대한 책임이 따르는 것이다.

악성 댓글과 같은 무분별한 댓글이 난무하는 폐해를 줄일 수 있다.

비슷한 맥락에서 인터넷 실명제는 익명성을 악용하는 여론 조작을 막을 수 있다. 선거나 중요한 정치 문제에서 특정 후보를 지지하는 네트즌들은 그에 유리하도록 집단적인 활동을 할 수 있는데, 실명제를 실시하면 그러한 움직임을 방지할 수 있다. 인터넷 실명제의 실시로 표현의 자유에는 책임도 함께 따른다는 것을 사람들에게 인지시킬 수 있다면 인터넷을 악용하는 사례가 많이 줄어들게 될 것이다.

[연습문제1] 다음을 주제로 하여 자신의 생각을 600~700자로 쓰십시오.

> 개인주의가 발달하고 사회보장제도 등이 발전함에 따라 할아버지, 할머니, 부모, 자녀 등 몇 세대가 함께 사는 가족이 점차 핵가족으로 바뀌어 가고 있다. 그 과정에 문제점들도 많이 생기고 있다. 핵가족의 문제점과 해결 방안에 대한 자신의 생각을 아래의 내용을 중심으로 논리적으로 주장하는 글을 쓰십시오.
> - 핵가족이란 무엇입니까?
> - 현대사회의 핵가족화와 관련하여 어떤 문제점들이 존재하고 있습니까?
> - 그 문제점들을 어떻게 해결해야 합니까?

[연습문제2] 다음을 주제로 자신의 생각을 600~700자로 쓰십시오.

성형수술 열풍을 어떻게 봐야 할까요? 성형수술 열풍이 바람직하다고 생각합니까, 그렇지 않다고 생각합니까? 성형수술 열풍 찬성과 반대 의견에 대한 자신의 입장을 정해 아래의 내용을 중심으로 논리적으로 주장하는 글을 쓰십시오.
- 성형수술은 개인의 권리입니까, 아니면 사회적 문제입니까?
- 외모를 경쟁력으로 간주하는 사회는 바람직합니까?
- 외모가 경쟁력이 된 사회를 엄연한 현실로 인정해야 합니까?

[연습문제3] 다음을 주제로 자신의 생각을 600~700자로 쓰십시오.

> 우리는 어릴 때부터 부모님이나 선생님으로부터 "거짓말을 하지 말아라"라는 말을 많이 들으면서 자랐습니다. 그런데 자라면서 인간관계는 거짓말을 해야 되는 경우도 있다는 것을 알게 됩니다. 거짓말에 대해 어떻게 생각합니까? 자신의 주장을 정해 아래의 내용을 중심으로 논리적으로 주장하는 글을 쓰십시오.
> • 거짓말이 현실적으로 존재하는 이유는 무엇이라고 생각합니까?
> • 거짓말의 긍정적인 면과 부정적인 면은 무엇이라고 생각합니까?
> • 오늘날 우리 사회는 거짓말은 해도 되는 것이라고 생각합니까?

[연습문제4] 다음을 주제로 자신의 생각을 600~700자로 쓰십시오.

> 살아갈 가망이 없는 환자를 본인 또는 가족의 요구에 따라 고통이 적은 방법으로 인공적으로 죽음에 이르게 하는 일을 안락사라고 합니다. 인간의 생명을 두고 하는 이 행위에 대해 전세계적으로 찬반 논쟁이 뜨겁습니다. 안락사에 대한 자신의 입장을 정해 아래의 내용을 중심으로 논리적으로 주장하는 글을 쓰십시오.
> - 안락사의 긍정적인 측면과 부정적인 측면은 무엇이라고 생각합니까?
> - 안락사의 도입에 대해 어떤 의견을 가지고 있습니까?
> - 그렇게 생각한 이유는 무엇입니까?

[연습문제5] 다음을 주제로 자신의 생각을 600~700자로 쓰십시오.

'남자는 남자다워야 하고 여자는 여자다워야 한다'라는 말이 있습니다. 그런데 요즘 남자들이 여자처럼 아름다워지고 있습니다. 이에 비하여 여자들이 남자처럼 거세지고 있습니다. 아래의 내용을 중심으로 논리적으로 주장하는 글을 쓰십시오.
- 남자는 남자다워야 하고 여자는 여자다워야 한다고 생각합니까?
- 그렇게 생각하는, 또는 그렇게 생각하지 않는 이유는 무엇입니까?
- 남성의 '여성화'와 여성의 '남성화'에 대한 바람직한 자세는 무엇입니까?

句子构成练习题参考答案

1. ㄱ: 누굴 찾으세요? ㄴ:출장가셨습니다.
2. ㄱ: 부모님과 여행을 하려고 해요. ㄴ:다음 주에 예약할 거예요.
3. ㄱ: 이 안에 무슨 물건이 있어요? ㄴ:특급 우편으로 보내겠어요.
4. ㄱ: 열심히 일해서 첫 월급을 받았다. ㄴ:어머니께 모두 부쳐드렸다.
5. ㄱ: 제 고향은 중국의 베이징입니다. ㄴ:맛나는 베이징 구운오리를 먹지 않는다면 정말로 유감이 될 것입니다.
6. ㄱ: 성형외과를 찾는 일이 빈번하다. ㄴ:지금은 남녀노소를 구분하지 않는다.
7. ㄱ: 끊임없이 자신을 다른 사람과 비교해 가면서 산다. ㄴ:자신을 다른 사람만 못하다고 여기게 된다.
8. ㄱ: 중간에 포기하는 사람들이 많다. ㄴ:자신감을 가지고 매일 열심히 노력하자.
9. ㄱ: 물을 자주 주면 안되는 식물도 있다. ㄴ:그 식물에 맞게 키우는 방법을 알아야 한다.
10. ㄱ: 어두운 면이 있다. ㄴ:긍정적인 마인드로 즐겁게 살아가는 편이 좋다고 생각한다.

附录一　补充作文题

1. 나의 하루
2. 잊을 수 없는 하루
3. 나의 친구
4. 나의 꿈
5. 나의 자서전
6. 우리 어머니
7. 중국과 한국
8. 아침 인사
9. 입학식
10. 첫 수업
11. 한국어 발음
12. 중국을 아십니까
13. 천안문 광장
14. 이화원
15. 안녕하세요
16. 한국에 대한 인상
17. 한국인에 대한 첫 인상
18. 한국 사람 중국 사람
19. 한국어와 나
20. 김치 만드는 방법
21. 한국 요리와 중국 요리
22. 한국 여성과 중국 여성
23. 한국의 미와 중국의 미
24. 졸업을 앞두고
25. 시간
26. 담배와 건강
27. 술과 건강
28. 자동 판매기
29. 한국의 대학생
30. 한국어를 공부하는 이유
31. 잊을 수 없는 여행
32. 한국 드라마와 나
33. 한국어 외래어에 대한 단상
34. 한국어 공부의 묘법
35. 한국어에 대하여
36. 한국어의 묘미
37. 한국어와 중국어의 다른 점
38. 가정교사
39. 지구 온난화 문제
40. 한국의 명절
41. 고령화 사회
42. 한국의 종교
43. 세계화와 애국주의
44. 대학생들의 금전관
45. 나의 애정관
46. 의무와 책임
47. 핵무기는 꼭 필요한가
48. 사형 제도는 필요한가
49. 강자와 약자
50. 중국 꿈, 나의 꿈

附录二 韩国语能力考试写作备考练习内容(主题)提示

중급
— 가정생활(연애/결혼, 음식/요리, 집/주거, 이사, 초대, 방문)
— 건강(운동)
— 교육(학교생활, 친구/동료/선후배 관계, 교육제도, 유학)
— 뉴스/시사 문제(사건/사고/재해, 환경문제, 공공장소(기관))
— 구매(쇼핑)
— 미디어(컴퓨터와 인터넷, 대중매체, 신문)
— 생활방식(전화, 모임, 저축, 교통, 문화차이, 일상생활, 한국생활, 외모/복장, 성격/감정, 날씨와 계절(기후), 봉사)
— 예술(공연과 감상, 영화)
— 인사(감사 및 사과)
— 일과 직업(직장생활, 직업, 진로와 취업(면접), 동료 간 갈등, 업무)
— 취미와 여가(문화생활)
— 휴일(여행/숙박, 휴일/방학)

고급
— 가정생활(음식/요리, 집/주거)
— 건강(운동, 건강관리)
— 과학(기술, 미래사회, 생활과학)
— 교육(학교생활, 교육제도, 유학)
— 뉴스/시사 문제(환경문제, 공공사안)
— 미디어(대중매체, 신문)
— 생활방식(사회제도, 일상생활, 한국생활, 날씨와 계절(기후), 봉사)
— 예술(미술, 영화)
— 일과 직업(직장 생활, 직업, 진로와 취업(면접), 업무)
— 전문분야(언어, 역사, 언론, 경영/경제, 종교, 심리, 건축, 사회, 정치, 문화, 과학, 성, 철학/윤리, 법)
— 책과 문학(한국의 시와 수필, 한국의 소설)
— 취미와 여가(스포츠)
— 휴일(여행/숙박)

附录三 韩国语能力考试写作备考练习参考词汇

顾客服务中心

词	고장 신고, 기타 문의, 상담원 연결, 수리 센터 안내, 요금 안내, 이용 안내 가입하다, 개통하다, 설치하다, 정지하다, 해지하다
词组	고객 센터에 문의하다, 불만을 말하다, 사용 설명을 문의하다, 상담원과 상담하다, 상담원과 직접 통화를 원하다, 신제품을 안내하다, 연락 가능한 연락처, 재발급을 원하다, 직접 방문하다

机场

词	공항 터미널, 국내선, 국제선, 기내 음식, 도착 시간, 면세점, 세관, 여권, 여행 목적, 왕복, 출발 시간, 탑승구, 탑승권, 편도, 항공권 연착되다, 이륙하다, 착륙하다
词组	비행기 표를 예약하다, 시차가 나다, 안전벨트를 매다, 좌석을 바꾸다, 짐을 찾다, 창가 쪽에 앉다

图书馆

词	PC실/컴퓨터실, 도서 검색, 도서관 사서, 연체료, 열람실, 이용 시간, 자료실, 저자, 정보실, 제목, 주제, 책꽂이, 청구기호, 출판사, 학생증 대출하다, 연체되다, 조사하다
词组	대출이 불가능하다, 책을 검색하다, 책을 돌려주다/반납하다, 책을 빌리다, 책을 찾다

美容院

词	곱슬머리, 단발머리, 대머리, 머리 모양, 미용사, 생머리, 스포츠머리, 커트머리, 헤어스타일 드라이하다, 면도하다, 세팅하다, 염색하다, 이발하다, 파마하다 선명하다, 자연스럽다
词组	드라이기로 머리를 말리다, 머리가 상하다, 머리를 감다, 머리를 기르다, 머리를 깎다, 머리를 내리다, 머리를 넘기다, 머리를 다듬다/손질하다, 머리를 땋다, 머리를 묶다, 머리를 빗다, 머리를 자르다, 머리에 핀을 꽂다, 앞머리를 내리다, 왁스/무스를 바르다, 짧게 자르다

房屋中介

词	가스 요금, 거실, 계약금, 계약서, 고시원, 관리비, 근처, 단독주택, 대문, 독방, 마당, 베란다, 부동산 소개소, 부엌, 상가, 새집, 새집증후군, 수도세, 신축, 아파트, 안방, 오피스텔, 욕실, 원룸, 월세, 위약금, 이사철, 자취방, 작은방, 잔금, 전기 요금, 전세, 정원, 주택가, 중개수수료, 중개인, 평수, 포장 이사, 하숙집, 한옥, 합숙, 현관, 화장실 이사하다 깨끗하다, 아늑하다, 아담하다
词组	계약 기간이 끝나다, 공기가 좋다, 교통이 편리하다/불편하다, 교통편이 좋다/나쁘다, 난방이 잘 되다, 다 갖추어져 있다, 방이 밝다/어둡다, 방이 비다, 방이 환하다, 보증금을 내다, 새로 짓다, 시설이 좋다, 위치가 좋다, 전망이 좋다, 주변 경치가 좋다, 지은 지 오래되다, 지하철역에서 가깝다/멀다, 집 주변이 조용하다/시끄럽다, 집세를 내다, 집세를 올리다, 집을 보다, 집을 옮기다, 집을 장만하다/마련하다, 집이 낡다, 천천히 둘러보다, 햇빛이 잘 들다, 화장실이 딸려 있다

洗衣店

词组	깨끗하게 세탁되다, 드라이클리닝을 하다, 뭐가 묻다, 세탁물을 찾다/맡기다, 안 지워지다, 얼룩을 제거하다, 옷이 줄어들다, 옷을 수선하다

维修中心

词	무상 수리, 보증 기간, 부품, 수리비 고치다, 망가지다, 수리하다, 수선하다, 점검하다
词组	고장 나다, 무료로 수리해 주다, 부품을 교체하다, 점검을 받다

医院

词	가루약, 간호사, 감기약, 결막염, 고열, 구토, 기관지염, 난치병, 내과, 두드러기, 두통, 멀미약, 병명, 병문안, 복통, 부작용, 불면증, 비타민, 산부인과, 상비약, 성형외과, 소독약, 소아과, 소화제, 수면제, 식중독, 안과, 안약, 알레르기, 알약, 약 처방전, 약봉지, 여드름, 연고, 외과, 위염, 의사, 이비인후과, 장염, 정신과, 정형외과, 주사, 증상/증세, 진료실, 치과, 치통, 편두통, 피부과, 한의원, 해열제, 환자 간호하다, 감염되다, 과식하다, 다치다, 데이다, 문지르다, 부러지다, 부어오르다, 붓다, 삐다, 설사하다, 수술하다, 입원하다, 접수하다, 주무르다, 진찰하다, 체하다, 치료받다, 치료하다, 콜록거리다, 토하다, 퇴원하다 가렵다, 더부룩하다, 따갑다, 매슥거리다, 아프다, 지끈거리다

词组	감기에 걸리다, 과로로 쓰러지다, 기운/힘이 없다, 기침을 하다, 깁스를 하다, 내성이 생기다, 눈병에 걸리다, 눈이 따갑다, 눈이 빨갛게 충혈 되다, 두통이 심하다, 머리가 띵하다, 목이 쉬다, 몸이 쑤시다, 발에 물집이 생기다, 배탈이 나다, 병원에 실려 가다, 병이 나다, 병이 낫다, 병이 회복되다, 부작용이 생기다, 불면증에 걸리다, 붕대를 감다, 상처를 소독하다, 소화가 안 되다, 속이 쓰리다, 속이 울렁거리다, 손을 베다, 시력이 나빠지다, 식전/식후에 먹다, 안색이 안 좋다, 약을 바르다, 약을 복용하다, 약이 잘 들다, 얼굴에 뭐가 나다, 엑스레이(X-ray)를 촬영하다, 열이 나다, 임신을 하다, 입 안이 헐다, 재채기가 나다, 종합검진을 받다, 주사를 맞다, 진료를 받다, 찜질을 하다, 처방전을 받다, 충치가 생기다, 코피가 나다, 콧물이 나오다, 퉁퉁 붓다, 파스/밴드/반창고를 붙이다, 피가 나다

邮局

词	국제 특급(EMS), 날짜, 물건, 받는 사람, 배편, 보내는 사람, 보통 우편, 저울, 퀵 서비스, 택배, 특급 우편, 포장, 항공편 깨지다, 도착하다, 부치다, 파손되다
词组	소포를 보내다, 엽서를 사다, 우편번호를 쓰다, 우표를 붙이다, 우표를 사다, 주소를 적다, 편지를 보내다

失物招领处

词	분실 신고, 분실물 선반 기억나다, 놓다, 두다, 떨어뜨리다, 분실하다, 빠뜨리다, 빠지다, 습득하다, 잃어버리다, 줍다, 흘리다
词组	놓고 나오다, 두고 내리다, 신고서를 쓰다, 신분을 확인하다, 연락 가능한 연락처, 지갑을 줍다, 직접 방문하다

银行

词	계좌번호, 금액, 달러, 서류, 수표, 신용카드, 외국인 등록증, 원화, 직불카드, 체크카드, 카드 발급 신청서, 통장 발급 신청서, 현금 서비스 카드, 현금자동인출기, 환율 서명하다, 송금하다, 입금하다, 재발급하다, 저축하다, 해지하다, 환전하다
词组	계좌이체를 하다, 공과금을 납부하다, 대출을 받다, 도장을 찍다, 돈을 보내다, 돈을 찾다, 비밀 번호를 누르다, 비밀 번호를 잊어버리다, 송금을 받다, 신분증을 내다, 신청서를 쓰다, 연체료를 내다, 인터넷 뱅킹을 신청하다, 잔액을 조회하다, 카드를 만들다, 통장을 만들다

宾馆

词	객실, 빈방, 숙박비, 숙소, 여행자 수표 숙박하다
词组	귀중품을 맡기다/보관하다, 룸서비스를 부탁하다, 방 열쇠를 맡기다, 방을 바꾸다, 방을 예약하다, 열쇠를 잃어버리다, 열쇠를 주다, 짐을 들어주다, 짐을 로비로 내리다, 짐을 맡기다, 호텔에 묵다

家庭

词	대청소, 분리수거, 엉망, 집안일 걸레질하다, 다림질하다, 닦다, 빨래하다, 살림하다, 설거지하다, 정돈하다, 정리하다, 치우다, 환기시키다 지저분하다
词组	구석구석 청소하다, 단추를 달다, 먼지를 털다, 못을 박다, 바닥을 빗자루로 쓸다, 반찬거리를 사다, 변기를 뚫다, 빨래를 개다/널다, 서랍을 정리하다, 쓰레기를 내다 놓다, 쓰레기를 분리하다, 어린이집에 아이를 맡기다, 옷을 꿰매다, 옷을 세탁기에 넣고 돌리다, 옷이 구겨지다, 음식을 장만하다, 이불을 털다/널다, 장을 보다, 전구를 갈다, 청소기를 밀다/돌리다, 현관문을 잠그다

情感

词	감동적, 다행 감동하다, 감사하다, 감탄하다, 걱정하다, 격려하다, 고민하다, 그리워하다, 기대하다, 기뻐하다, 긴장되다/하다, 놀라다, 떨리다, 멀어지다, 반성하다, 사과하다, 설레다, 슬퍼하다, 실망하다, 싸우다/다투다, 오해하다, 욕하다, 웃다, 의심하다, 이해하다, 조심하다, 존경하다, 주의하다, 즐거워하다, 참다, 초조하다, 투덜거리다, 화풀이하다, 화해하다, 흥분되다, 힘들어하다 가엾다, 갑갑하다, 고맙다, 괴롭다, 그립다, 기쁘다, 답답하다, 당황하다, 무섭다, 미안하다, 밉다, 부끄럽다, 불쌍하다, 불안하다, 뿌듯하다, 삐치다, 사랑스럽다, 서운하다, 섭섭하다, 소용없다, 속상하다, 슬프다, 실망스럽다, 아깝다, 아쉽다, 안쓰럽다, 안타깝다, 얄밉다, 영광스럽다, 외롭다, 우울하다, 의기소침하다, 자랑스럽다, 죄송하다, 즐겁다, 창피하다, 행복하다, 황당하다, 후회스럽다, 후회하다
词组	기분이 좋다, 눈물이 나다, 말로 표현할 수 없다, 미소를 짓다, 보람을 느끼다, 부담을 느끼다, 불만이 많다, 성취감을 느끼다, 소리를 지르다, 스트레스를 받다/풀다, 신경을 쓰다, 의욕이 생기다, 자기 기분만 생각하다, 자부심을 느끼다, 자신감이 있다, 자신이 없다, 정신을 차리다, 짜증을 내다, 짜증이 나다, 펑펑 울다, 표정을 짓다, 풀이 죽다, 한숨을 쉬다, 화가 나다, 화를 내다, 후회가 들다

健康

词	고혈압, 금연, 뇌종양, 단백질, 당뇨병, 만성 피로, 백혈병, 변비, 비만, 빈혈, 성분, 성인병, 소화불량, 속 쓰림, 수면부족, 식중독, 알레르기, 알콜중독, 암, 열풍, 영양분, 우울증, 위산 과다/부족, 유전병, 자폐증, 전염병, 지방, 채식, 치매, 치질, 콜레스테롤, 탄수화물, 피부병, 호르몬, 흡연 과로하다, 과식하다, 과음하다, 섭취하다, 소화시키다, 예방하다, 전염시키다, 편식하다, 폭식하다, 함유하다 부족하다, 충분하다
词组	가슴이 답답하다, 건강에 신경 쓸 겨를이 없다, 건강에 해롭다/이롭다, 건강을 타고 태어나다, 건강을 해치다, 규칙적인 식사를 하다, 근력을 강화시키다, 근육을 풀어주다, 노화를 방지하다, 뇌가 발달하다, 머리가 띵하다, 면역을 강화시키다, 무리한 다이어트, 병을 앓다, 빈혈을 일으키다, 사고력이 떨어지다, 세균을 옮기다, 수면에 영향을 미치다, 습관을 생활화하다, 신체가 발달하다, 심폐 기능을 강화하다, 약물에 중독되다, 얼굴이 화끈거리다, 에너지를 만들다, 영양이 결핍되다/풍부하다, 위를 보호하다, 유연성을 기르다, 증상을 완화시키다, 질병을 막다, 집중력을 향상시키다, 집중력이 저하되다, 채소 위주의 식습관/식생활, 체력을 강화하다/유지하다, 체온을 떨어뜨리다, 체온이 올라가다, 폐활량을 증가시키다, 피로를 풀어주다, 혈압을 떨어뜨리다, 혈액 순환 장애, 혈액 순환을 돕다, 혈액 순환이 잘되다, 혈액 순환을 개선하다, 혈액의 흐름이 원활하다

经济

词	경기 부양책, 경제 위기, 경제 지표, 경제, 경제관, 고부가가치, 고용 위기, 금융계, 상반기, 소득, 소비, 유동 자금, 잔고, 재테크, 주식 시장, 투자, 하반기 급등하다, 급락하다, 성장하다, 쇠퇴하다, 침체하다
词组	경기가 안 좋다, 경제가 발전하다/위축되다, 경제가 활기를 띠다, 경제가 회복되다, 경제관념이 없다, 경제를 살리다, 경제적 가치를 만들다, 경제적 부를 누리다, 경제적 이익이 발생하다, 근검절약하는 소비 생활, 금리가 하락하다, 당분간 지속하다, 무리하게 투자하다, 무역 협정을 맺다, 물가 상승의 주원인, 물가가 상승하다/하락하다, 물가가 안정세를 보이다, 물가가 오르다, 물가가 큰 폭으로 뛰다, 변동이 없다, 부도가 나다, 생활비 지출 내역, 서민 경제가 되살아나다, 선진국 대열에 합류하다, 소비가 활성화되다, 손실의 우려가 있다, 수입과 지출을 관리하다, 수출 부진을 겪다, 수출 의존도가 높다, 시장을 개방하다, 신용카드 대금을 내다, 앞으로의 경제 전망, 연말까지 이어지다, 위기를 맞다/극복하다, 유가가 급등하다/급락하다, 제자리걸음을 하다, 주가가 폭등하다/폭락하다, 주식 시장에 변동이 생기다, 지역 경제 부흥을 꿈꾸다, 투자를 늘리다, 하락세로 돌아서다, 하반기에도 계속되다, 현상을 유지하다, 호황기/불황기를 맞다, 화폐가치가 상승하다/떨어지다, 환율이 상승하다

计划, 希望

词	가치관, 목표, 믿음, 새해 계획, 예정, 인생관, 작심삼일 결심하다, 결정하다, 노력하다, 마음먹다, 성공하다/실패하다, 실천하다, 포기하다, 간절하다
词组	개인의 행복을 추구하다, 계획을 세우다, 계획이 있다, 규칙적으로 지키다, 기대가 크다, 꿈을 이루다, 노력을 기울이다, 능력을 발휘하다, 목표를 달성하다, 반드시 목표를 이루다, 복권에 당첨되다, 세부 계획을 세우다, 실행으로 옮기다, 인생의 목표, 장기적인 안목을 가지다, 전략을 수립하다, 최선을 다하다, 행복한 가정을 꾸미다

演唱会, 展示会

词	감독, 감동적, 개봉, 객석, 공연장, 공포 영화, 관객, 극장, 매표소, 멜로 영화, 뮤지컬, 박람회, 반전, 배우, 분위기, 시사회, 시청자, 애니메이션, 액션 영화, 야외무대, 연기, 연예인, 연주회, 영화관, 영화제, 오페라, 음향 시설, 인상적, 일반석, 입장권, 전시회, 조연, 좌석, 주인공, 초대석, 출연자, 코미디 영화, 콘서트장, 특별 공연, 해피엔딩 각광받다, 감상하다, 관람하다, 구경하다, 반영하다, 상영하다, 연출하다, 환호하다 애절하다, 재미없다, 지루하다, 흥미진진하다
词组	가슴/심금/마음을 울리다, 감동을 받다, 관객을 동원하다, 구성이 치밀하다/탄탄하다, 긴장감이 넘치다, 내용이 딱딱하다, 눈물샘을 자극하다, 눈을 뗄 수 없다, 대중의 취향에 맞다, 박수를 치다/받다, 배역을 완벽하게 소화하다, 보는 재미를 더해 주다, 선착순으로 표를 배포하다, 세계 시장에서 환영을 받다, 세계적으로 인정받다, 소름이 돋다, 실감 나다, 실화를 바탕으로 하다, 아쉬움이 남다, 압권이다, 연기력이 뛰어나다, 외면을 당하다, 인기를 끌다, 인기를 많이 얻다, 작품성이 뛰어나다, 장면을 잊을 수 없다, 줄을 서다, 콘서트를 열다, 표를 예매하다, 함성을 지르다, 호소력이 짙다, 호평/혹평을 받다

教育

词	과열 경쟁, 영재 교육, 조기유학, 주입식 교육, 체벌, 왕따, 학력 저하, 학벌주의

词组	공교육의 질을 높이다, 교권이 추락하다, 교육 환경이 열악하다, 교육열이 높다, 교육이 획일화되다, 국제적 감각을 키우다, 눈높이를 맞추다, 능동적 참여를 유도하다, 다양성을 존중하다, 동기를 유발하다, 따돌림을 당하다, 불평등한 교육의 기회, 사교육비를 줄이다, 수준을 고려하다, 우려를 낳다, 인재를 배양하다, 인재를 확보하다, 일탈 행동을 하다, 입시 위주의 교육 현실, 자기 주도적 성향이 떨어지다, 적성과 소질을 살리다, 지나친 사교육 문제, 창의력을 기르다, 천편일률적이다

交通

词	U턴 금지, 고속버스 터미널, 고속버스, 공항, 교통카드, 기차역, 내리는 문, 노선도, 다음 정류장, 버스 정류장, 시외버스 터미널, 시외버스, 신호등, 여객선 터미널, 역무원, 왕복, 운전면허증, 일방통행, 종착역, 지하철역, 직행, 초보운전, 출발역, 출퇴근 시간, 타는 문, 편도, 표지판, 환승역 갈아타다, 도착하다, 이륙하다, 직진하다, 착륙하다, 출발하다, 탑승하다 복잡하다, 붐비다, 혼잡하다
词组	고속도로/국도/버스전용차선으로 가다, 교통이 편리하다/불편하다, 교통카드를 충전하다, 길이 막히다, 단말기에 카드를 대다, 반대 방향으로 가는 차를 타다, 서서 가다, 손잡이를 잡다, 앉아서 가다, 역을 지나치다, 차가 막히다, 타고 가다, 택시를 잡다, 버스를 놓치다, 한 걸음 물러서다, 한 번에 가다

退货及换货

词	불량품, 신제품 고장 나다, 교환하다, 망가지다, 바꾸다, 반품하다, 변심하다, 파손되다, 환불하다
词组	교환·환불이 가능하다, 디자인/색상에 불만이 있다, 라벨을 훼손하다, 바느질이 잘못되다, 변심으로 인한 환불, 수리 서비스를 받다, 얼룩이 있다, 영수증을 분실하다, 옷이 꽉 끼다/헐렁하다, 유통기한이 지나다, 음식이 상하다, 이물질이 들어 있다, 작동이 안 되다, 전원이 켜지지 않다, 제품을 개봉하다, 제품을 사용하다, 포장을 뜯다, 품질이 떨어지다, 휴대 전화의 통화 소리가 깨끗하지 않다

天气

词	계절, 고온다습, 기상청, 꽃샘추위, 냉방병, 단풍놀이, 벚꽃놀이, 비바람, 사계절, 삼한사온, 열대야, 영상/영하, 영향, 일교차, 자외선, 저기압/고기압, 전국, 중부/남부 지방, 진눈깨비, 집중호우, 찜통더위, 천고마비, 체감온도, 최저/최고 기온, 폭설, 폭우, 호우주의보, 황사 건조하다, 덥다, 따뜻하다, 무덥다, 상쾌하다, 서늘하다, 선선하다, 습하다, 시원하다, 쌀쌀하다, 썰렁하다, 춥다, 쾌적하다, 포근하다, 화창하다, 후덥지근하다
词组	가을/봄을 타다, 구름이 끼다, 기온이 높다/낮다, 기온이 뚝 떨어지다, 기온이 올라가다/내려가다, 낙엽이 지다, 날씨가 맑다/흐리다, 날씨가 변덕스럽다, 날씨가 이상하다, 날이 저물다, 날이 풀리다, 눈이 오다, 단풍이 물들다, 단풍이 지다, 대체로 맑겠다, 더위/추위를 타다, 더위를 먹다, 바람이 불다, 번개가 치다, 부채질을 하다, 불쾌지수가 높다, 비 올 확률이 높다/낮다, 비가 오다/그치다, 비에 젖다, 소나기가 내리다, 손발이 꽁꽁 얼다, 습도가 높다/낮다, 안개가 끼다, 옷차림에 신경을 쓰다, 우산을 쓰다, 일교차가 크다, 일기예보를 듣다, 장마지다, 장마가 시작되다, 절정에 달하다, 점차 흐려지다, 찜통더위, 천둥이 치다, 태풍이 불다, 태풍이 지나가다, 푹푹 찌다, 해가 뜨다/지다

大众文化

词	감각적, 보편적, 상업적, 선정적, 오락적, 자극적, 제작자, 획일적 거듭나다, 깃들다, 내포하다, 상징하다, 선호하다, 엿보다 따분하다, 지루하다
词组	감정을 해소시키다, 고전을 면치 못하다, 꾸준한 관심을 불러일으키다, 내용이 허술하다, 냉담한 반응을 보이다, 노골적으로 표현하다, 논란이 끊이지 않다, 논란이 일어나다/뜨겁다, 대리 만족을 느끼다, 대중의 행동 양식에 영향을 미치다, 대중이 열광하다, 동질감을 형성하다, 뜨거운 반응을 얻다, 무난한 반응을 이끌어내다, 방송사 간에 시청률 경쟁을 심화하다, 방송 시설이 열악하다, 사회 비판 의식을 대변하다, 사회상을 반영하다, 사회에 대한 비판의식을 보여주다, 선풍적인 인기를 끌다, 설득력이 떨어지다, 소재의 다양화가 필요하다, 여론을 조성하다, 염증을 느끼다, 외면을 당하다, 인기가 시들해지다, 인위적으로 자극적인 상황을 설정하다, 지나치게 부각하다, 큰 파장을 불러일으키다, 큰 호응을 얻다, 파급력이 크다, 폭발적인 반응을 이끌어내다, 폭발적인 인기를 누리다, 프로그램에 출연하다

城市

词	계획도시, 공업도시, 관광도시, 교육도시, 도시 면적, 도심, 비인간적, 산업도시, 상하수도 시설, 신도시, 주택 공급, 첨단 의료 시설, 편의 시설, 항구도시, 현대적, 휴양도시 단조롭다, 빽빽하다, 삭막하다, 여유롭다, 활기차다
词组	각종 소음 공해, 건설 계획이 추진되다, 고층 빌딩이 늘어서다, 공기가 탁하다, 교육 시설이 우수하다, 교통 체증에 시달리다, 녹지를 조성하다, 대중교통이 편리하다, 도로망을 확충하다, 문화적 혜택을 누리다, 복지 혜택이 다양하다, 빽빽한 빌딩 숲을 이루다, 사회 기반 시설을 확충하다, 상점가가 밀집해 있다, 시내버스 노선을 정비하다, 신속한 컴퓨터 통신망, 여유로운 공간을 갖추다, 오염 방지 정책을 마련하다, 위생적으로 폐기물을 처리하다, 인구 과잉 집중 현상, 인구 밀도가 높다, 인구가 도시로 몰리다, 인구가 집중되다, 인구의 집중을 억제하다, 인파가 넘쳐나다, 자동차 진입을 제한하다, 주차 요금을 인상하다, 주차난으로 골치를 앓다, 주택 부족 현상이 심각하다, 치안 유지가 잘 되다, 치안 유지에 힘쓰다

动物

词	꼬리, 둥지, 먹잇감, 몸통, 무늬, 생김새, 수컷, 암컷 이동하다, 잡아먹다, 활동하다
词组	떼/무리를 지어 다니다, 먹이를 발견하다, 먹이를 잡다, 먹이를 주다, 몸을 숨기다, 본능을 가지다, 새끼를 낳다, 습성이 있다, 알을 낳다, 알을 품다, 애벌레가 되다, 천적을 만나다

动作

词组	고개를 끄덕이다, 고개를 숙이다, 고개를 좌우로 흔들다, 다리를 떨다, 두 손으로 바닥을 짚다, 두 손을 깍지 끼다, 두 손을 앞으로 모으다, 무릎을 꿇다, 무릎을 세우다, 미간을 찡그리다, 미소를 짓다, 발을 쭉 뻗다, 상체를 뒤로 젖히다 손가락으로 가리키다, 손으로 얼굴을 가리다, 손으로 턱을 괴다, 양반 다리를 하다, 어깨를 으쓱 올리다, 어깨를 펴다, 얼굴을 찡그리다, 엄지손가락을 세우다, 턱을 괴다, 팔을 구부리다, 팔짱을 끼다, 한쪽 다리를 뻗다, 허리를 굽히다, 허리를 꼿꼿하게 펴다

传媒

词	뉴스, 다큐멘터리, 드라마, 라디오 프로그램, 스포츠 방송, 시사 프로그램, 시청자, 청취자, 어린이 프로그램, 오락 프로그램, 퀴즈 프로그램, 텔레비전 프로그램

词组	시청률이 높다, 주파수를 맞추다, 화면이 끊기다, 장면을 놓치다, 채널을 돌리다, 텔레비전을 시청하다, 라디오를 듣다, 신청곡을 받다, 노래를 신청하다, 사연을 보내다, 볼륨을 올리다/높이다, 드라마에 나오다, 방송의 질을 떨어뜨리다, 카메라를 설치하다

义工

词	결식아동, 고아원, 기부액, 기부자, 노숙자, 독거노인, 미혼모, 보호자, 복지 제도, 불우이웃, 사회복지센터, 소년소녀 가장, 양로원, 요양원, 장애인, 저소득층 기부하다, 기증하다, 돌보다, 지원하다 기특하다
词组	가치 있는 일을 위해 헌신하다, 개발 원조를 추진하다, 경제적 지원을 하다, 냉담한 시선을 보내다, 뒷바라지하다, 말벗이 되다, 병석에 눕다, 사회적 편견을 없애다, 서로에게 힘이 되어 주다, 원조를 받다, 일손을 돕다, 자원봉사를 하다, 정기적으로 봉사에 참여하다, 타인과 더불어 살다, 후원금을 보내다, 후원을 받다

请托

词	부탁드리다, 부탁하다 곤란하다, 부담스럽다, 어렵다
词组	다른 게 아니라, 도와줄 수 있다/없다, 도움이 되다, 부탁을 거절당하다, 부탁을 들어주다/거절하다, 부탁을 받다, 부탁이 있다

事故, 事件

词	교통사고, 도둑, 무단 횡단, 부상자, 부실공사, 뺑소니 차, 사고 대책, 사고 방지, 사고 원인, 사망자, 소매치기, 소방차, 실종자, 음주운전, 응급 환자, 응급실, 인명 피해, 접촉 사고, 졸음운전, 피해자 과속하다, 구조하다, 도망가다, 목격하다, 밝혀지다, 부딪치다, 사망하다, 속다/속이다, 술주정하다, 숨지다, 신고하다, 실종되다, 전해지다, 죽다, 진술하다, 추월하다, 충돌하다, 침입하다 신속하다

词组	119에 신고하다, 가스가 폭발하다, 건물이 무너지다/붕괴되다, 검은 연기가 나다, 계단에서 구르다, 긴급 출동하다, 길이 미끄럽다, 난리가 나다, 난장판이 되다, 넘어져서 다치다, 도난 신고를 하다, 도둑을 맞다, 도둑이 들다, 목숨을 구해주다, 물에 빠지다, 배가 침몰하다, 범인의 흔적을 발견하다, 벼락을 맞다, 별다른 피해가 없다, 병원으로 옮겨지다, 병원에서 치료중이다, 불이 나다, 불안감을 호소하다, 불이 번지다, 비행기가 추락하다, 빗길에 미끄러지다, 사고 신고를 받고 출동하다, 사고가 나다/발생하다, 사고를 내다, 사고를 당하다, 생명에 지장이 없다, 생명을 건지다, 소매치기를 당하다, 신호를 위반하다, 엔진이 고장 나다, 열차 운행이 중단되다, 운전하다가 깜빡 졸다, 유리창이 깨지다, 재산 피해를 입다, 정신이 없다, 조사를 벌이다, 중상을 입다, 중심을 잃고 쓰러지다, 집 밖으로 탈출하다, 차가 부서지다, 차량 통행을 막다, 출입을 통제하다, 충격을 받다, 테러가 발생하다, 화재가 발생하다

社会, 政治

词	경제 협력, 공동체 의식, 복지 예산, 상부상조 정신, 서열 의식, 연고주의, 재정 긴축, 재정 부담, 집단주의, 효 사상 시행되다, 편성하다, 폐지되다, 협력하다
词组	갈등을 해소하다, 강력한 규제가 필요하다, 경제 수준이 높다, 국가 경쟁력이 강화되다, 국가 위상이 약화되다, 국가 차원의 장기적 정책, 국력이 향상되다, 국제적 책임과 의무가 커지다, 규제 방안을 마련하다, 급속한 경제 성장을 이루다, 난색을 표하다, 당국의 정책, 동질성을 회복하다, 문화 교류를 확대하다, 법적으로 의무화하다, 상호 신뢰를 회복하다, 선거를 실시하다, 세계 평화를 위협하다, 시민 의식이 높다, 시위가 이어지다, 시행을 서두르다, 예산안을 발표하다, 외교적 노력에 힘쓰다, 원칙에 위배되다, 의식 수준이 높다, 인도적 지원이 필요하다, 정권이 교체되다, 정부를 수립하다, 조치를 취하다, 쿠데타를 일으키다, 협력과 교류가 활발해지다, 회담을 하다, 시위/항쟁이 일어나다, 회원국으로 가입하다

社会问题

词	노인 문제, 노인 복지, 다문화 가족, 맞벌이 부부, 무자녀 가구, 비행 청소년, 사고 방식, 사생활, 생활 방식, 시각 장애인, 알코올 중독자, 우울증 환자, 일인 가구, 자선 단체, 장애인, 정신지체, 혐의 간소화되다, 금지하다, 기부하다, 낭비하다, 의존하다, 파산하다, 화해시키다 바람직하다, 사치스럽다, 심각하다

词组	가족관이 변화하다, 가치관이 다르다, 결혼을 미루다, 경향이 있다, 고령화가 가속화되다, 고부간의 갈등, 관심을 받다, 국민연금에 가입하다, 꾸준히 늘고 있다, 남에게 피해를 주다, 노동인구가 부족하다, 노후가 안정되다, 노후를 준비하다, 맞벌이 부부가 늘어나다, 미비한 노후 대비, 방법을 찾다, 범행을 저지르다, 법정에 서다, 변화를 시도하다, 보육시설이 부족하다, 불우이웃을 돕다, 불이익이 되다, 불편을 겪다, 사회 복지 제도를 확충하다, 삶의 질을 개선하다, 새로운 일자리를 창출하다, 생산인구가 감소하다, 성공 사례로 평가되다, 세금 부담이 커지다, 세대 차이가 나다, 수명을 연장하다, 스트레스를 받다, 시선을 끌다, 양육비에 대한 부담이 크다, 어려운 이웃, 연령대가 낮아지다/높아지다, 영향을 미치다, 외국인의 노동력을 활용하다, 외로움을 느끼다, 우울증을 예방하다, 이혼율이 증가하다, 인기를 끌다, 적극적인 관심이 필요하다, 정년을 연장하다, 정서적으로 안정되다, 조세부담이 증가하다, 좋은 반응을 얻다, 지속적으로 경고하다, 지속적인 고용 불안, 처벌을 받다 초혼 연령이 상승하다, 출산율이 저조하다, 출산을 장려하다, 취업난이 심각하다, 평균 수명이 늘어나다, 행복한 삶을 살다, 화제가 되다, 확대하여 실시하다

产品介绍

词	경향, 기능성 원단, 부품, 성능, 성인 고객층, 외형, 최신형, 캐릭터 상품, 판매처
词组	기술 특허를 받다, 눅눅해지지 않다, 변형이 적다, 세련된 느낌을 주다, 안정성이 뛰어나다, 천연 소재, 첨단 기술을 도입하다, 출시하기로 하다, 톡톡 튀는 아이디어, 흡습성/방습성이 좋다

性格

词	가정적, 감성적, 개성적, 긍정적, 낙관적, 내성적, 논리적, 보수적, 부정적, 비관적, 비판적, 사교적, 소극적, 순종적, 외향적, 이기적, 이성적, 자기중심적, 적극적, 직선적, 진취적, 창의적, 현실적, 활동적, 희생적 덤벙대다 검소하다, 게으르다, 까다롭다, 깔끔하다, 꼼꼼하다, 꾸준하다, 냉정하다, 단순하다, 대범하다, 덜렁거리다, 똑똑하다, 매섭다, 명랑하다, 무뚝뚝하다, 변덕스럽다, 부지런하다, 사치스럽다, 산만하다, 성실하다/불성실하다, 소심하다, 시원시원하다, 알뜰하다, 얌전하다, 어른스럽다, 엄하다, 예민하다, 용감하다, 우유부단하다, 유치하다, 인색하다, 자상하다, 점잖다, 조용하다, 진지하다, 차분하다, 친절하다, 쾌활하다, 털털하다, 현명하다, 활발하다

词组	결단력이 있다, 고집이 세다, 공사구분이 확실하다, 끈기/인내심이 있다, 낭비가 심하다, 내숭을 떨다, 눈치가 빠르다, 대인 관계가 원만하다, 도전 정신이 강하다, 리더십이 있다, 말을 잘 못 걸다, 말이 없다, 매사에 신중하다, 배짱이 좋다, 사람들과 잘 어울리다, 사람이 좋다, 성격이 급하다/느긋하다, 성격이 밝다/어둡다, 성격이 원만하다, 싫증을 잘 내다, 씀씀이가 헤프다/크다, 아이 같다, 욕심이 많다, 유머감각이 있다, 유치하다, 융통성이 없다, 인간미가 넘치다, 인간성이 좋다, 인내심이 많다, 인정이 없다/많다, 일 처리가 꼼꼼하다, 입이 가볍다/싸다, 자기밖에 모르다, 자기 주장이 강하다, 자기표현을 잘 하지 못하다, 자존심이 강하다, 자주 깜빡하다, 장난이 심하다, 책임감이 강하다, 호기심이 많다

介绍

词	가족, 국적, 나이, 동기, 새내기, 성격, 성별, 신입사원, 신입생, 신입회원, 연락처, 이름, 이상형, 장래 희망, 장점/단점, 전공, 직업, 취미, 특기, 학번, 호칭, 별명 소개하다, 입사하다, 입학하다, 함께 하다 낯설다, 반갑다, 서툴다, 친근하다
词组	말을 걸다, 새로 오다, 순서대로 자기 소개를 하다, 앞으로 잘 부탁하다, 친구를 사귀다

购物

词	거스름돈, 계산대, 고가품, 고객, 구멍가게, 단골손님, 대형 할인 매장, 디자인, 면세점, 명품, 바겐세일, 배송비, 백화점, 비닐봉지, 상설 할인 매장, 상품권, 색깔 세일/할인, 소비자, 손님, 고객, 쇼윈도, 쇼핑몰, 쇼핑백, 스타일, 시장, 신상품, 신제품, 유명 브랜드, 인기 상품, 인터넷 쇼핑, 장바구니, 재고품, 적립 카드, 적립금, 점원, 정가, 정찰제, 제조일자, 제품, 종업원, 종이봉투, 중고품 가게, 진열장, 착용감, 최신 유행, 카운터, 크기/사이즈, 탈의실, 편의점, 할인 카드, 할인 쿠폰, 할인 판매, 홈쇼핑 결제하다, 계산하다, 고르다, 구매하다, 구입하다, 권하다, 낭비하다, 돌아다니다, 배달하다, 배송하다, 입어보다, 절약하다, 주문하다, 지불하다, 진열되다, 추천하다, 판매하다, 팔리다, 포장하다, 품절되다 고급스럽다, 다양하다, 만족스럽다, 유행하다, 저렴하다, 참신하다, 특이하다, 편하다

词组	가격을 흥정하다, 값을 깎다, 계산기를 두드리다, 다음에 또 오세요, 돈을 거슬러 주다, 디자인이 단순하다, 딱 맞다, 마음에 들다, 뭘 드릴까요, 바가지를 씌우다, 쇼핑하기 편리하다, 어떤 것을 찾으세요, 어서 오세요, 얼마예요, 여기 있어요, 잘 나가다, 잘 어울리다, 정성이 담기다, 주문량이 많다, 치수가 어떻게 되세요, 카드에 적립하다, 택배로 주문하다, 품질이 좋다, 한 벌로 되다

体育

词	감독, 격투기, 공격수, 관중, 구기 종목, 수비수, 수상 스포츠, 시즌, 심판, 예선, 육상 종목, 주전 선수, 코치, 후보 선수 공격하다, 방어하다, 비기다, 수비하다, 응원하다, 판정하다
词组	결승에 진출하다, 경고를 주다, 경기를 관람하다, 경기에 출전하다, 공격을 막다, 공동선두에 오르다, 금메달/은메달/동메달을 따다/획득하다, 기록 경신에 실패하다, 기록을 경신하다, 득점하다, 막판에 역전하다, 무승부가 나다, 무승부로 끝나다, 반칙하다, 본선에 출전하다, 부상을 당하다, 선수를 교체하다, 세계 신기록을 세우다, 승부를 겨루다, 역전 골을 넣다, 역전승을 거두다, 예선에서 탈락하다, 예선을 통과하다, 작전을 짜다, 전지 훈련을 혹독하게 받다, 점수를 매기다, 퇴장을 당하다, 홈런을 날리다

植物

词	나무줄기, 나뭇가지, 나뭇잎, 독버섯, 무궁화, 선인장, 소나무, 수컷, 식물원, 암컷, 장미꽃, 카네이션, 화분 수정하다 시들시들하다, 싱싱하다
词组	꽃이 피다, 뿌리를 내리다, 싹이 자라다, 씨를 뿌리다, 열매를 맺다, 영양분을 받다, 화초를 키우다

身体

词	간, 관절, 근육, 기관지, 뇌, 단백질, 무기질, 비타민, 뼈, 소화액, 신경, 신장, 심장, 영양분, 위, 장, 지방, 척추, 콜레스테롤, 탄수화물, 폐, 피부, 혈관 하품하다, 트림하다, 딸꾹질하다, 박수치다, 해독하다, 소화하다

词组	손을 흔들다, 손으로 가리키다, 손가락으로 찌르다, 손으로 만지다, 다리를 떨다, 군침이 돌다, 입을 열다/다물다, 입에서 말이 나오다, 발에 쥐가 나다, 숨을 쉬다, 땀이 나다, 머리카락이 나다, 고개를 들다/숙이다/돌리다, 코를 골다, 눈을 뜨다/감다, 냄새를 맡다, 몸을 돌리다, 무릎을 꿇다, 허리를 똑바로 펴다, 혈액 순환 장애, 혈액의 흐름이 원활하다, 혈액을 순환시키다, 혈액 순환을 돕다, 산소를 공급하다, 양분을 흡수하다, 중추신경을 관장하다, 호르몬을 분비하다, 노폐물을 거르다, 노폐물을 배설하다, 신진대사를 조절하다, 음식물을 섭취하다, 섭취를 줄이다, 활동을 촉진하다, 위를 보호하다, 세균을 옮기다, 체온이 올라가다, 체온을 떨어뜨리다, 신체가 발달하다, 성장이 완성되다, 뇌가 발달하다, 에너지를 만들다, 피로를 풀어주다, 근육을 풀어주다

旅行

词	객실, 경관, 경치, 공항, 관광객, 관광안내서, 관광지, 광장, 구경거리, 국내여행, 기념품, 놀이동산, 눈썰매장, 단체 여행, 도보 여행, 도시, 동물원, 렌터카, 마을, 맛집, 먹을거리, 목적지, 바다, 바닷가, 박물관, 배낭여행, 배표, 별장, 볼거리, 비자, 비행기표, 산, 섬, 성수기/비수기, 수도, 수학여행, 숙박비, 숙소, 스키장, 시골, 식물원, 신혼여행, 야경, 야시장, 야유회, 여권, 여행객, 여행비, 여행자 수표, 여행지, 온천, 유원지, 유적지, 이국적, 인상적, 입장료, 자유 여행, 전망, 절, 찜질방, 축제, 캠핑장, 탑승권, 투숙객, 특산물, 패키지 상품, 폭포, 풍경, 피서지, 항공권, 해수욕장, 해외여행, 호수, 효도 관광, 휴양지 감상하다, 관람하다, 구경한다, 도착하다, 둘러보다, 방문하다, 예약하다, 찾아다니다, 체험하다, 출발하다, 환영하다 유명하다
词组	가벼운 옷차림으로 가다, 거리를 돌아다니다, 기억에 남다, 노점상을 구경하다, 민박을 하다, 벚꽃놀이를 가다, 볼거리가 풍성하다, 비디오를 촬영하다, 사진을 찍다, 산 정상에 오르다, 여행 일정을 잡다/세우다, 인심이 좋다, 좋은 추억이 되다, 짐을 싣다, 짐을 싸다, 피서를 가다, 하루 더 머물다, 한 바퀴 돌다, 호텔에 묵다

历史

词	건국이념, 기원, 도약기, 발상지, 발전기. 변천사, 사대부, 쇠퇴기, 신화, 안정기, 암흑기, 왕실, 원산지, 일화, 전성기, 전환기, 절정기, 정체기, 충신, 침체기 건국하다, 도입하다, 멸망하다, 번성하다, 변천하다, 분열하다, 세워지다, 소멸하다, 유입되다, 창제하다, 통일하다 변화무쌍하다
词组	5000년의 역사를 자랑하다, 국토를 넓히다, 기틀을 튼튼히 다지다, 내리막길로 접어들다, 명성을 날리다, 바닥을 치다, 반환점을 돌다, 쇠퇴하여 멸망하다, 업적을 쌓다/남기다, 역사에 이름을 날리다, 영토를 확장하다, 오르막길을 걷다, 왕권이 확립되다, 왕위에 오르다, 왕조가 사라지다, 위기가 찾아오다, 인권을 신장시키다, 인생의 굴곡이 심하다, 인생의 절정기를 맞이하다, 전 세계로 퍼지다, 전성기를 보내다, 정권이 교체되다, 정부를 수립하다, 제도를 제정하다, 조약을 체결하다, 최고조에 달하다, 큰 공을 세우다, 통일을 이룩하다, 평탄한 삶을 살다, 환금기를 이끌다

恋爱, 结婚

词	기혼, 독신주의자, 미혼, 배우자, 부케, 사회자, 신랑, 신부 대기실, 신부 들러리, 신부, 연애결혼, 예물, 웨딩드레스, 주례, 주례사, 중매결혼, 천생연분, 초혼, 피로연, 하객 결혼하다, 동거하다, 따라 다니다, 사귀다, 약혼하다, 연애하다, 이혼하다, 재혼하다, 짝사랑하다, 청혼하다, 파혼하다, 헤어지다
词组	결실을 맺다, 결혼 날짜를 잡다, 결혼식을 올리다, 결혼식장/예식장을 잡다, 국수를 먹다, 궁합을 보다, 눈에 콩깍지가 쓰이다, 느낌이 좋다, 마음이 잘 맞다, 맞선/선을 보다, 미팅/소개팅을 하다, 바람을 피우다, 사랑에 빠지다, 사랑을 고백하다, 사랑이 식다, 상견례를 하다, 신랑/신부가 입장하다, 신혼여행을 가다, 예단을 준비하다, 첫눈에 반하다, 청첩장을 돌리다, 폐백을 드리다, 함을 보내다/받다, 혼수를 장만하다, 혼인 서약을 하다

艺术

词	귀족적, 서민적, 실용적, 입체적, 추상화, 풍자적, 해학적 등재되다, 매료되다, 발굴되다, 보존되다, 복원되다, 소실되다, 소장하다, 전시되다, 전율하다, 지정되다, 평가되다, 현존하다, 훼손되다 검소하다, 단아하다, 불가사의하다, 섬세하다, 소박하다, 웅장하다, 유일하다, 은은하다, 자유분방하다, 장엄하다, 투박하다, 화려하다, 흥겹다

词组	강렬한 인상을 남기다, 고유의 미를 표현하다, 과장되게 표현되다, 굳센 기상이 나타나다, 기품이 있다, 깊은 소리를 자아내다, 노골적으로 표현하다, 당시의 생활 양식을 잘 보여주다, 독특하게 그려지다, 독특한 음색, 문화가 반영되다, 백미로 꼽히다, 불교적인 색채가 강하다, 사실적으로 묘사하다, 생동감이 있다, 서민 문화의 특징을 잘 보여주다, 섬세한 미적 감각을 보이다, 세계적으로 유례가 없다, 손꼽히는 걸작이다, 신비로운 분위기를 자아내다, 여백의 미를 보여주다, 이념이 담겨 있다, 저절로 어깨가 들썩이다, 전율이 느껴지다, 정교하게 만들다, 조상의 지혜를 엿볼 수 있다, 조형미가 뛰어나다, 조화가 잘 되다, 콧노래를 부르다, 토속적인 분위기가 느껴지다, 투박한 멋이 있다, 표현 기법이 풍부하다, 화려함이 조화를 이루다, 흥겨운 장단, 힘과 패기가 넘치다

礼节

词	공공장소, 꼴불견, 노약자석, 반말/존댓말, 식사 예절, 아랫사람, 언어 예절, 윗사람, 인사 예절 노크하다, 실수하다, 인사하다, 하품하다 거만하다, 겸손하다, 공손하다
词组	고개를 돌리고 마시다, 껌을 씹다, 다리를 떨다, 두 손으로 드리다, 버릇이 없다, 불편을 주는 행동을 삼가다, 사진 촬영 금지, 상대방을 높이다, 수저를 들다, 술잔을 들다, 양손으로 따르다, 어른과 술을 마시다, 예의가 바르다, 예의가 없다, 예의에 어긋나다, 예절을 지키다, 음식물 반입 금지, 입을 가리지 않고 하품하다, 자리를 양보하다, 절을 하다, 조용히 이야기하다, 침을 뱉다, 휴대 전화를 끄다, 휴대 전화를 진동으로 하다

外表

词	얼굴형, 주름살 괜찮다, 귀엽다, 날씬하다, 뚱뚱하다, 멋있다, 멋지다, 어른스럽다
词组	눈이 크다/작다, 배가 나오다, 살이 빠지다, 살이 찌다, 손가락이 가늘다, 어깨가 넓다/좁다, 얼굴이 갸름하다, 얼굴이 넓적하다, 얼굴이 네모나다, 얼굴이 동그랗다, 얼굴이 잘 생기다/못 생기다, 용모가 단정하다, 이마가 넓다/좁다, 점이 나다, 첫인상이 좋다, 체격이 크다/작다, 코가 높다/낮다, 키가 크다/작다, 피부가 곱다

烹调

词	간, 간장, 고기, 고추장, 고춧가루, 구이, 달걀/계란, 도마, 된장, 메뉴, 무침, 밀가루, 볶음, 생선, 설탕, 소금, 식용유, 식초, 양념, 요리 방법, 요리 재료, 육류, 접시, 조림, 찜, 참기름, 채소, 칼, 튀김, 프라이팬, 후추 갈다, 굽다, 깎다, 끓이다, 녹이다, 다듬다, 다지다, 담그다, 데우다, 데치다, 뒤집다, 무치다, 반죽하다, 볶다, 부치다, 삶다, 썰다, 얼리다, 요리하다, 익히다, 자르다, 젓다, 조리다, 조리하다, 찌다, 타다, 튀기다, 펴다
词组	간을 맞추다, 간을 하다, 껍질을 까다, 소금에 절이다, 양념을 넣어 버무리다, 음식을 만들다, 채를 치다, 펄펄끓다

运动

词	결승, 결승전, 관중, 관중석, 농구장, 본선, 상대팀, 스포츠, 승리자, 승부차기, 신인선수, 아시안게임, 연장전, 예선전, 올림픽, 요가, 우승컵, 운동 경기, 운동 부족, 운동선수, 운동장, 월드컵, 응원단, 전반전, 준결승, 체육관, 축구장, 평가전, 후반전 달리다/뛰다, 비기다, 생중계하다, 수영하다/헤엄치다, 승리하다, 응원하다, 이기다/지다, 잘하다/못하다, 훈련하다
词组	결승에 오르다, 경기가 시작되다/끝나다, 경기를 뛰다, 경기에 집중하다, 골을 넣다, 금메달을 따다, 스포츠 중계하다, 이길 가능성이 크다

位置

词	건널목, 골목, 도로, 로터리, 맞은편, 사거리, 삼거리, 안/밖, 앞/뒤, 옆, 언덕, 길, 왼쪽/오른쪽, 위/아래, 육교, 정문, 지름길, 지하도, 출구/입구, 큰길, 후문 돌아가다, 우회전/좌회전하다, 지나다
词组	건물을 끼고 돌다, 길을 묻다, 길을 헤매다, 말씀 좀 묻겠습니다, 쭉 가다, 횡단보도를 건너다

饮食

词	간식, 건강식품, 건더기, 그릇, 껌, 나이프, 냅킨, 도시락, 메뉴, 봉지, 뷔페, 빨대, 숟가락, 식당, 음료, 이쑤시개, 인스턴트식품, 젓가락, 정육점, 제과점, 종이컵, 즉석식품, 채식주의자, 캔, 컵, 패밀리 레스토랑, 패스트푸드, 페트병, 포장마차, 포크, 한우 깨물다, 나눠 먹다, 남기다, 덜다, 데우다, 삼키다, 식히다, 쏟다, 씹다, 즐겨 찾다, 편식하다, 푸다, 한턱 내다 고소하다, 구수하다, 달다, 달콤하다, 뜨겁다, 맛있다, 매콤하다, 맵다, 먹음직스럽다, 시다, 싱겁다, 쓰다, 얼큰하다, 짜다, 짭짤하다, 차갑다, 푸짐하다

词组	갈증이 나다, 고유한 맛, 김치를 담그다, 냄새를 맡다, 맛있는 냄새가 나다, 불판을 갈다, 상을 차리다, 솜씨가 좋다, 식욕이 없다, 양이 많다, 영양이 풍부하다, 입맛을 돋우다, 입맛이 없다, 입에 맞다, 입에서 살살 녹다, 장기간 보존이 가능하다, 조리법이 쉽다, 즐겨 먹다, 포장해서 가져가다, 향이 좋다

服装

词	가죽장갑, 가죽재킷, 겉옷, 구두, 내복, 넥타이, 등산복, 러닝셔츠, 면바지, 목도리, 미니스커트, 바지, 부츠, 블라우스, 샌들, 속치마, 손수건, 스웨터, 스카프, 스타킹, 슬리퍼, 액세서리, 양말, 양복, 와이셔츠, 운동복, 운동화, 원피스, 정장, 청바지, 치마/스커트, 캐주얼, 코트, 티셔츠
词组	가방을 메다, 넥타이를 매다/풀다, 단추가 풀리다, 모자를 쓰다/벗다, 목도리를 하다/풀다, 시계를 차다/풀다, 신발을 신다/벗다, 안경을 쓰다/벗다, 액세서리를 하다, 옷을 입다/벗다, 장갑을 끼다/빼다, 지퍼가 열리다

问候

词	그동안, 오래간만, 오랜만 연락하다, 찾아뵙다 급하다, 바쁘다, 한가하다
词组	덕분에 잘 지내다, 마음을 표현하다, 별일 없다, 안부전화를 걸다, 얼마 만이다, 인사를 건네다, 잘 보내다, 잘 있다

日常

词	기상하다, 다이어트하다, 드라이브하다, 메모하다, 양치하다/양치질하다, 화장하다 과로하다, 피곤하다, 힘들다
词组	거울을 보다, 계단을 오르다, 낮잠을 자다, 담배를 피우다, 렌즈를 끼다/빼다, 문자 메시지를 보내다/받다, 밤새우다, 빨래를 하다/짜다/널다/말리다/개다, 산책하다, 수를 세다, 술을 마시다, 스트레칭을 하다, 신문을 보다, 심부름을 시키다, 아침에 눈을 뜨다, 옷을 갈아입다, 이불을 펴다/덮다/개다, 잠에서 깨다, 잠이 들다, 전화를 걸다/받다/끊다, 전화통화를 하다, 청소를 구석구석 하다, 침대에 눕다, 커피를 뽑다, 한숨도 못 자다, 화장품을 바르다, 휴대 전화를 충전하다

灾害

词	사상자, 속보, 수색 작업, 재해 대피시키다, 대피하다, 무너지다, 복구하다, 불타다, 예방하다, 진화하다
词组	가뭄이 들다, 가옥이 침수되다, 강이 넘치다, 논밭이 물에 잠기다, 농작물이 말라죽다, 농작물이 쓰러지다, 눈사태가 나다, 도로가 끊어지다, 물에 잠기다, 불길이 거세지다, 불길이 번지다, 사상자가 발생하다, 산사태가 나다, 신고를 받다, 아수라장으로 변하다, 우박이 쏟아지다, 인명 피해가 발생하다, 지진이 나다, 집 안으로 물이 들어오다, 충격을 받다, 태풍이 불다, 태풍이 상륙하다, 폭설이 내리다, 폭우가 쏟아지다, 피해를 입다, 해일이 밀려오다, 홍수가 나다, 화산이 폭발하다

调查

词	설문 조사, 연구 기관, 연구팀 나타나다, 대답하다, 대비되다, 드러나다, 밝혀지다, 밝히다, 분석되다, 예상되다, 예측되다, 응답하다
词组	기준치를 벗어나다, 대상으로 조사하다, 대폭 늘어나다/줄어들다, 만족도가 높다, 실험을 통해 사실을 발견하다, 연구 결과가 발표되다, 연구 결과를 따르다, 의외의 결과가 나오다

订餐

词	1인분, 계산서, 메뉴판, 배달, 야식, 중화요리점, 한 그릇 배달하다, 주문하다, 포장하다 늦다, 서두르다
词组	갖다 주다/드리다, 더 시키다, 빨리 배달되다, 시켜 먹다

职场

词	거래처, 구내식당, 근무 시간, 금융계, 담당자, 대기업, 말단 사원, 무역회사, 법조계, 부하 직원, 비서실, 사무실, 승진 기회, 업무 태도, 인턴사원, 전문직, 정년퇴직, 주5일 근무제, 중소기업, 직장 동료, 직장 상사, 출근/퇴근 시간, 출근길, 퇴근길, 회사, 회의실 보고하다, 섭외하다, 승진하다, 안정되다, 이직하다, 제조하다, 조퇴하다, 출근하다, 퇴근하다, 판매하다, 해고하다, 회의하다

词组	개업하다, 결과를 보고하다, 결재를 올리다/받다, 공문을 보내다, 기자재를 설치하다, 기획안을 작성하다, 돈을 벌다, 물품을 청구하다, 보수/월급/수당/연봉이 높다, 본사/지사에서 근무하다, 신입사원을 교육하다, 업무의 효율성을 높이다, 연수를 받다, 영수증을 처리하다, 예산을 세우다, 월급을 받다, 유니폼을 입다, 인턴 사원으로 일하다, 자기 계발에 힘쓰다, 자료를 출력하다, 장래성이 있다, 적성에 맞다, 직장을 옮기다, 출장을 가다, 판매 실적이 저조하다, 회사를 그만두다, 회사에 다니다, 휴가를 가다, 휴가를 내다

爱好

词	감상, 동아리, 동호회, 뜨개질, 마술, 만들기, 모임, 수집, 십자수, 여가, 연주, 회원 가입하다, 탈퇴하다, 모으다, 등록하다, 즐기다, 활용하다 다양하다
词组	가벼운 마음으로 즐기다, 게임을 하다, 관심을 가지다, 관심이 많다/없다, 그림을 그리다, 기타를 치다, 노래를 부르다, 등산을 하다, 마음을 먹다, 바이올린을 켜다, 소설책을 읽다, 스포츠에 열광하다, 시간을 내다, 악기를 연주하다, 영화를 보다, 우표를 수집하다, 음악회에 가다, 전시회에 가다, 푹 빠지다, 피리를 불다, 친구들과 수다를 떨다, 하모니카를 불다

就业面试

词	IT산업, 각오, 건설업, 경공업, 경력 사항, 경력, 관광업계, 교육 분야, 구직, 구직자, 귀사, 근무 조건, 금융업계, 급료, 기술 분야, 대우, 매장 관리, 면접관, 반도체 산업, 방송 분야, 방침, 벼룩시장 신문, 사무직, 서비스업계, 서빙, 성공 비결, 성장 과정, 성장 배경, 시급, 아르바이트 일자리, 야간 근무, 약력, 오전/오후 근무, 운수업, 유통업, 제조업, 조선업, 주말 근무, 중공업, 지원 동기, 지원자, 축산업계, 특기 사항, 풀타임, 행정직, 향후 계획 고용하다, 동경하다, 보완하다, 우대하다, 입사하다, 전공하다, 지원하다 무능하다, 성실하다, 유능하다, 훌륭하다

词组	경력을 쌓다, 경쟁에서 살아남다, 경쟁이 치열하다, 근무 경력이 있다, 능력을 개발하다, 능력을 발휘하다, 능숙하게 다루다, 다양한 경험을 하다, 돈을 벌다, 동아리 활동을 하다, 면접 후 결정하다, 면접을 보다, 면허증을 소지하다, 목표를 달성하다, 분야의 전문가가 되다, 수상 경력이 있다, 실력을 발휘하다, 실력을 쌓다, 실무 능력을 발휘하다, 아르바이트를 하다, 어학연수를 받다, 업계를 이끌다, 업계의 동향을 파악하다, 역량을 발휘하다, 역량을 키우다, 운전면허증을 따다, 이력서를 쓰다, 인턴사원으로 근무하다, 일자리를 구하기 어렵다, 자격증을 취득하다, 자기 소개서를 쓰다, 자아를 실현하다, 자질/소질/능력을 기르다/쌓다/갖추다, 잠재력을 확인하다, 장학금을 받다, 전공을 살리다, 좋은 성과를 거두다, 증명사진을 찍다, 지식을 넓히다, 직업을 구하다, 직원을 뽑다, 직종을 변경하다, 진로를 결정하다, 진로를 탐색하다, 추천을 받다, 취직 시험을 준비하다, 토익 점수가 높다, 포부에 부합하다, 학력·성별 제한이 없다, 학생회장을 한 경험이 있다, 학업에 매진하다, 해외 연수를 다녀오다, 회사 발전에 기여하다

电脑

词	검색창, 게시판, 노트북, 동영상, 마우스, 무선 연결, 바탕화면, 본체, 서버, 아이디, 와이파이, 워드, 유선 인터넷, 이동식 디스크(USB), 이메일, 첨부파일, 컴맹, 통합검색, 폴더, 한글 컴퓨터, 홈페이지, 화면 복사하다, 부팅하다, 삭제하다, 설치하다, 재생하다, 저장하다, 종료되다, 채팅하다, 첨부하다, 클릭하다
词组	바이러스를 체크하다, 보안 프로그램을 깔다, 신호가 약하다, 아이디를 받다, 아이디를 변경하다, 아이디를 신청하다, 용량을 줄이다, 인터넷 속도가 느리다, 인터넷 전용선을 연결하다, 인터넷에 접속하다, 파일을 열다, 파일을 첨부하다

风俗习惯

词	설날(음력 1.1), 추석(음력 8.15), 삼일절(3.1), 만우절(4.1), 어린이날(5.5), 석가탄신일(음력 4.8), 어버이날(5.8), 스승의 날(5.15), 현충일(6.6), 제헌절(7.17), 광복절(8.15), 한글날(9.1), 개천절(10.3), 크리스마스(12.25), 강강술래, 그네뛰기, 널뛰기, 돌잔치, 세뱃돈, 송편, 씨름, 연날리기, 연휴, 쥐불놀이, 칠순 잔치, 풍물놀이, 한복, 환갑 잔치 성묘하다, 세배하다
词组	고향에 내려가다, 떡국을 먹다, 미역국을 먹다, 보름달을 보면서 소원을 빌다, 사물놀이를 하다, 새해 복 많이 받으세요, 소원을 빌다, 오곡밥을 먹다, 윷놀이를 하다, 조상님께 제사를 지내다, 집들이를 하다, 차례를 지내다, 카네이션을 달아드리다, 태극기를 걸다, 팥죽을 먹다

美容

词组	건조한 피부, 수분을 빼앗기다, 수분이 날아가지 않다, 얼굴에 바르다, 여드름을 완화하다, 유분이 많다, 천연 보습제, 피부 관리, 피부 노폐물을 제거하다, 피부 염증이 가라앉다

学校

词	강당, 강의실, 겨울 방학, 교무실, 교사, 교실, 교양 과목, 기숙사, 단짝, 도서관, 동아리, 룸메이트, 매점, 모의고사, 문제지, 봄 방학, 사무실, 선배, 선생님, 수료식, 수험생, 수험표, 숙제/과제, 시험장, 시험지, 여름 방학, 운동장, 유학생, 입시교육, 입학식, 자료, 전공 수업, 조교, 졸업식, 지도 교수, 짝꿍, 체육관, 필수 과목, 학교 식당, 학교 축제, 학기, 학년, 학생, 학생회관, 학점, 후배 결석하다, 공부하다, 등교하다, 떨리다, 방학하다, 배우다, 복습하다, 복학하다, 암기하다, 연습하다, 예습하다, 입학하다, 조퇴하다, 졸업하다, 지각하다, 진학하다, 출석하하, 합격하다/불합격하다
词组	긴장이 되다, 대회에 나가다, 등록금/학비를 내다, 문제를 풀다, 반장을 뽑다, 발표를 맡다, 벼락치기를 하다, 보고서/리포터를 제출하다, 상을 타다, 선생님께 매를 맞다, 성적이 오르다/떨어지다, 셔틀버스/학교버스를 타다, 수업에 빠지다, 수업에 집중하다, 수업을 시작하다/마치다, 시험 결과가 나오다, 시험결과가 좋다/나쁘다, 시험을 준비하다, 시험결과가 좋다/나쁘다, 시험 결과를 발표하다, 장학생으로 선정되다, 주제 발표를 준비하다, 중간시험/기말시험을 보다, 출석을 부르다, 학교 행사에 참가하다

文化

词	건국 신화, 궁, 나무꾼, 난타, 도깨비, 문간방, 백성, 붉은 악마, 산신령, 서방, 선녀, 세계적, 양반, 왕, 왕비, 입시 문화, 찜질방, 태권도 신기하다, 특별하다, 특색 있다
词组	보약을 먹다, 태몽을 꾸다

活动

词	개업식, 관람 안내, 관람료, 관람시간, 돌잔치, 동창회, 바자회, 생일 파티, 송별회, 시음, 연말 모임, 응모 기간, 일시, 입학식, 졸업식, 초대권, 축제 분위기, 페스티벌, 프로그램, 학교 축제, 행사, 기간, 환송회, 회식 개방하다, 개최하다, 방문하다, 시상하다, 안내하다, 열리다, 예약하다, 응모하다, 입장하다, 재현하다, 제공되다, 주의하다, 진행하다, 참가하다, 초대하다, 축하하다
词组	관심을 모으다, 무료로 진행되다, 상금이 주어지다, 손님을 대접하다, 잔치를 벌이다, 참가를 원하다, 파티를 열다, 행사를 마련하다, 홈페이지로 신청하다

环境

词	공해, 기상 이변, 대기오염, 도심, 매연, 배기가스, 배출량, 산성비, 생태계, 생활환경, 소음, 수은 건전지, 수질오염, 오존층 파괴, 온실효과, 유기농 식품, 재활용, 지구 온난화, 토지오염, 해수면 상승, 환경오염, 황사 배출하다, 보존하다, 복원하다, 정화하다, 훼손하다
词组	기상재해가 빈번해지다, 농약을 사용하다, 대체 에너지를 개발하다, 배기가스를 배출하다, 비닐봉지/플라스틱 사용을 줄이다, 생태계를 파괴하다, 쓰레기를 분리하다, 에너지를 절약하다, 연료 사용을 줄이다, 이산화탄소가 다량 배출되다, 이산화탄소의 배출량을 줄이다, 일회용품 사용을 줄이다, 자연을 보호하다, 자원을 재활용하다, 전기 코드를 뽑아 놓다, 친환경 제품을 개발하다, 폐수의 정화 시설을 늘리다, 환경 문제가 심각하다

公司

词	경영 혁신, 경영진, 산업 현장, 주요 고객, 해외 지사 이직하다
词组	기획안을 작성하다, 매출이 늘다, 보직 변경을 하다, 사업 확장에만 치중하다, 사업을 확장하다, 시장 경쟁력을 갖추다, 신상품 홍보 방안을 의논하다, 실무를 담당하다, 업무의 효율성이 떨어지다, 전문가를 영입하다, 판매가 늘다, 판촉 행사를 하다

附录四　韩国语常用惯用语

가슴(이) 저리다	속이 상해 마음이 쓰리고 아프다.
가슴에 못(을) 박다	마음 속 깊이 분한 생각이 맺히게 하다.
가슴이 내려앉다	깜짝 놀라다.
가슴이 미어지다(터지다)	마음이 슬픔이나 고통으로 가득 차 참기 힘들다.
가슴이 아프다	슬프거나 안타깝다.
가슴이 찡하다	감동하다.
가시 방석에 앉다	마음이 힘들고 불편한 상황에 있다.
가시 밭길을 가다	아주 어렵고 힘들게 살다.
간(이) 떨어지다	매우 놀라다.
간담(간)이 서늘하다	매우 놀라서 섬뜩해지다.
간을 녹이다	감언이설 등으로 상대를 사로잡다.
골치 아프다	일을 해결하기 어려워서 머리가 아프다.
골칫덩어리	말썽꾸러기
국수를 먹다	다른 사람이 결혼해서 대접을 받다.
굴뚝 같다	무엇을 하고 싶은 마음이 간절하다.
귀(가) 따갑다 ≒ 귀(가) 아프다	① 소리가 날카롭고 커서 듣기에 괴롭다. ② 너무 여러 번 들어서 듣기가 싫다.
귀(에) 익다	자주 들어 버릇이 되다.
귀가 가렵다	남이 제 말을 한다고 느끼다.
귀가 뚫리다	말을 알아듣게 되다.
귀를 의심하다	믿기 어려운 이야기를 들어 잘못 들은 것이 아닌가 생각하다.
귀에 거슬리다	듣기에 언짢은 느낌이 들며 기분이 상하다.
귀에 들어가다	누구에게 알려지다.
기가 막히다	① 어떤 일이 너무 놀랍고 황당하다. ② 매우 대단하다.

기가 죽다	기세가 꺾여 약해지다.
깨소금 맛	남의 불행을 보고 매우 통쾌하다는 뜻으로 이르는 말
날개 돋치다	상품이 시세를 만나 빠른 속도로 팔려 나가다.
날개를 펴다	씩씩하게 뜻을 드러내다.
날을 잡다	날짜를 정하다.
낯이 뜨겁다	① 매우 부끄럽다. ② 보기에 민망하다.
눈꼴이 시다	하는 짓이 거슬려 보기에 아니꼽다.
눈이 빠지도록 기다리다	매우 애타게 오랫동안 기다리다.
눈에 띄다	두드러지게 드러나다.
눈을 돌리다	관심을 돌리다.
눈을 맞추다	서로 눈을 마주 보다.
눈을 밝히다	무엇을 찾으려고 신경을 집중하거나 힘을 넣다.
눈을 붙이다	잠을 자다.
눈을 속이다	잠시 수단을 써서 보는 사람이 속아 넘어가게 하다.
눈을 피하다	남이 보는 것을 피하다.
눈이 꺼지다	눈이 우묵하게 들어가다.
눈이 높다	정도 이상의 좋은 것만 찾는 버릇이 있다.
눈이 많다	보는 사람이 많다.
눈이 삐다	뻔한 것을 잘못 보고 있을 때 비난조로 이르는 말
눈에 거슬리다	보기에 마뜩하지 않아 불쾌한 느낌이 있다.
눈에 밟히다	자꾸 생각나다.
눈에 불을 켜다	① 어떤 일을 집중해서 열심히 하다. ② 화가 나서 눈을 크게 뜨다
눈에 익다	본 적이 있는 느낌이 들다.
눈에서 벗어나다	감시나 구속에서 자유롭게 되다.
눈을 끌다	호기심을 일으켜 보게 하다.
눈을 의심하다	잘못 보지 않았나 하여 믿지 않고 이상하게 생각하다.
눈이 뚫어지게	꼼짝 않고 한 곳을 응시하는 모양을 이르는 말
눈이 캄캄하다	정신이 아찔하고 생각이 콱 막히다.
눈이 트이다	사물이나 현상을 판단할 줄 알게 되다.

담을 쌓다	관계없게 지내거나 관심을 완전히 끊다.
뜸을 들이다	말이나 행동을 바로 하지 않고 머뭇거리다.
마음에 들다	자신의 느낌이나 생각과 같아서 좋다.
마음을 놓다	걱정하지 않다.
마음을 비우다	욕심을 버리다.
맛을 들이다	어떤 것에 재미를 느끼다.
머리를 하다	머리를 손질하다.
머리가 굳다	기억력이 무디다.
머리가 썩다	사고방식이나 사상이 낡아서 쓰지 못하게 되다.
머리가 크다	성인이 되다.
머리를 굴리다	머리를 써서 생각하다.
머리를 굽히다(숙이다)	굴복하거나 저자세를 보이다.
머리를 긁다	수줍거나 무안해서 어쩔 줄 모를 때 그 어색함을 무마시키려고 머리를 긁적이다.
머리를 깎다	중이 되다.
머리를 식히다	흥분되거나 긴장된 마음을 가라앉히다.
머리를 싸다/싸매다	있는 힘과 마음을 다해 노력하다.
머리가 (잘) 돌아가다	임기응변으로 생각이 잘 떠오르거나 미치다.
머리가 가볍다	상쾌하여 마음이나 기분이 거뜬하다.
머리가 무겁다	기분이 좋지 않거나 골이 띵하다.
머리를 쥐어짜다	매우 애를 써서 궁리하다.
머리를 짓누르다	정신적으로 강한 자극이 오다.
머리에 새겨 넣다	어떤 대상이나 사실을 단단히 기억해 두다.
머리에 피도 안 마르다	아직 어른이 되려면 멀었다. 또는 나이가 어리다.
물과 기름	서로 어울리지 못하여 겉도는 사이
물불을 가리지 않다	① 어려움이나 위험을 무릅쓰고 행동하다. ② 어떤 일을 해도 되는지 안 되는지 생각 안 하고 행동하다.
미역국을 먹다	시험에서 떨어지다.
바가지 쓰다	요금이나 물건 값을 실제 가격보다 비싸게 내다.
바가지를 긁다	주로 아내가 남편에게 잔소리를 심하게 하다.

바람을 넣다	다른 사람에게 어떤 행동을 하려는 마음이 생기게 하다.
바람을 맞다	상대방이 연락 없이 약속 장소에 나오지 않다.
바람을 쐬다	기분을 바꾸려고 밖에 나가다.
발 벗고 나서다	어떤 일을 하기 위해 적극적으로 행동하다.
발을 붙이다	의지하다.
발을 빼다	관계를 끊다.
발이 넓다	알고 지내는 사람이 많다.
발이 맞다	잘 어울리다.
벽을 허물다	장애를 없애다.
복장이 터지다	매우 마음에 답답함을 느끼다.
비행기를 태우다	다른 사람을 지나치게 칭찬하다.
색안경을 끼다	편견을 가지다.
솔을 긁다	남의 속이 뒤집히게 비위를 살살 건드리다.
속을 끓이다	마음을 태우다.
속을 뜨다[떠보다]	남의 마음을 알려고 넘겨짚다.
속을 빼놓다	줏대나 감정을 억제하다.
속을 썩이다	뜻대로 되지 아니하거나 좋지 못한 일로 매우 괴로워하다.
속을 차리다	자기의 실속을 꾸리다.
속을 태우다	매우 걱정이 되어 마음을 졸이다.
속이 뒤집하다	비위가 상해 구역질이 날 듯하다.
속이 보이다	엉큼한 마음이 들여다보이다.
속이 시원하다	좋은 일이 생기거나 나쁜 일이 없어져서 마음이 상쾌하다.
속이 타다	걱정이 되어 마음이 달다.
속이 풀리다	① 화를 냈거나 토라졌던 감정이 누그러지다. ② 거북하던 배 속이 가라앉다.
속에 얹히다	마음에 걸리는 일이 있어 언짢다.
속에 없는 말[소리]	속마음과 다르게 하는 말
속을 달래다	속이 좋지 않은 상태를 좀 편하게 만들다.
속이 끓다	화가 나거나 억울한 일을 당해 격한 마음이 치밀어 오르다.

손에 놀다(놀아나다)	모든 일이 자신의 수중에서 맘대로 움직이다.
손에 떨어지다	일이 끝나다.
손을 끊다	어떤 일을 끝내다.
손을 대다	어떤 일을 착수하다.
손을 씻다	관계를 끊고 나쁜 일을 그만하다.
손이 놀다	일거리가 없어 쉬는 상태에 있다.
손이 작다(크다)	① 물건이나 재물의 씀씀이가 깐깐하고 작다(크다). ② 수단이 적다(많다).
애가 타다	매우 걱정하고 안타까워하다.
애를 먹다	고생을 많이 하다.
애를 쓰다	마음과 힘을 다하여 힘쓰다.
어깨가 가볍다↔무겁다	무거운 책임에서 벗어나 홀가분하다.
얼굴을 내밀다	참석하다.
얼굴이 두껍다	창피하거나 부끄러운 것을 모르다.
열을 받다	사람이 감정의 자극을 받거나 격분하다.
오금이 저리다	마음을 졸여 심하게 긴장을 하다.
이가 갈리다/갈다	매우 화가 나거나 분을 참지 못해 독한 마음이 생김
입 (안)이 쓰다	어떤 일이나 말이 못마땅하여 기분이 언짢다.
입 밖에 내다	어떤 생각이나 사실을 말로 드러내다.
입 안에서[끝에서] (뱅뱅) 돌다	하고 싶은 말이 있어도 하지 아니하거나 또는 못하게 되다.
입(말문)이 떨어지다	입에서 말이 나오다.
입을 다물다	말을 하지 아니하거나 하던 말을 그치다.
입을 막다	시끄러운 소리나 자기에게 불리한 말을 하지 못하게 하다.
입을 맞추다	서로의 말이 일치하도록 하다.
입을 모으다	여러 사람이 같은 의견을 말하다.
입을 씻다[닦다]	이익을 혼자 차지하거나 가로채고서는 시치미 떼다.
입이 가볍다[싸다]	말이 많거나 아는 일을 함부로 옮기다.
입만 살다	말에 따르는 행동은 없으면서 말만 그럴듯하게 잘하다.
입만 아프다	여러 번 말해도 받아들이지 아니하여 말한 보람이 없다.

입에 (게)거품을 물다	매우 흥분해 떠들어댐
입에 달고 다니다	말이나 이야기를 습관처럼 되풀이하거나 자주 사용하다.
입에 담다	무엇에 대해 말하다.
입에 대다	음식을 먹거나 마시다.
입에 맞다	음식이나 하는 일이 마음에 들다.
입에 붙다	아주 익숙하여 버릇이 되다.
입에 침이 마르다	입에 침이 마를 정도로 여러 번 말하다.
입을 딱 벌리다	너무 기가 막혀 어이가 없어하거나 매우 놀라워하다.
입이 무겁다	비밀을 잘 지키다.
입이 아프다	여러 번 말해도 받아들이지 아니하여 말한 보람이 없다.
입이 짧다	싫어하거나 먹지 않는 음식이 많다.
잔을 올리다	술을 드리다.
죽을 쑤다	어떤 일을 망치거나 실패하다.
쥐 죽은 듯하다	매우 조용하다.
쥐구멍에 들어가다	매우 부끄러워 그 자리를 피하고 싶다.
쥐도 새도 모르게	아무도 모르게
진땀을 흘리다	긴장하거나 매우 힘들어하다.
찬물을 끼얹다	① 잘되어 가는 일을 망치다. ② 매우 조용해진 상태
찬바람이 불다	① 분위기가 싸늘하다. ② 사정이 나빠지다.
찬밥 더운밥 가리다	좋고 나쁜 것을 가리다.
코 묻은 돈	어린아이가 가진 적은 돈
코가 꿰이다	약점이 잡히다.
코가 빠지다	근심에 싸여 기가 죽고 맥이 빠지다.
코가 납작해지다	매우 무안을 당하거나 기가 죽어 위신이 뚝 떨어지다.
코가 높다	잘난 체하고 뽐내는 기세가 있다.
코가 비뚤어지게[비뚤어지도록]	술에 매우 취하다.
코앞에 닥치다	어떤 일에 시간이 얼마 남지 않다.
파김치가 되다	매우 지치다.
피땀을 흘리다	열심히 일하고 노력하며 고생하다.

한솥밥을 먹다	한 가족처럼 함께 생활하며 지내다.
한술 더 뜨다	행동이나 말, 상황 등이 더 심해지다.
허리가 부러지다	힘들게 일하다.
허리가 휘다	생활고나 노동으로 힘겨운 상태가 되다.
허리띠를 졸라매다	① 검소한 생활을 하다. ② 어떤 일을 이루려고 굳게 마음을 먹다.
허리를 굽히다	① 겸손한 태도를 취하다. ② 굴복하다.

附录五 历届韩国语能力考试中出现过的惯用语

가슴이 뭉클하다
가슴이 벅차다
가슴이 부풀다
가슴이 아프다
가시 방석에 앉다
각광을 받다
간이 작다
간이 크다
갈피를 잡지 못하다
감을 잡다
깜쪽같다
강 건너 불 보듯
거울로 삼다
게 눈 감추듯
고개가 수그러지다
고개를 들다
고개를 숙이다
골머리를 썩이다
국수를 먹다
귀가 따갑다
귀가 번쩍 뜨이다
귀가 솔깃하다
귀를 기울이다
귀를 의심하다
귀에 거슬리다
귀에 못이 박히다
귀에 익다
그림의 떡
기가 막히다
기승을 부리다
깨가 쏟아지다

꼬리가 길면 밟힌다
날개 돋치다
낯이 두껍다
낯이 익다
너나 할 것 없이
넋을 잃다
눈 감아 주다
눈 깜짝할 사이
눈길을 끌다
눈길을 주다
눈에 넣어도 아프지 않다
눈에 띄다
눈에 불을 켜다
눈에 선하다
눈에 익다
눈을 감다
눈을 뜨다
눈을 붙이다
눈이 낮다
눈이 높다
눈이 멀다
눈이 어둡다
눈총을 받다
눈코 뜰 새가 없다
당근과 채찍
들통이 나다
땡 잡다
막을 내리다
말 속에 뼈가 있다
말문이 막히다
말을 돌리다

머리를 쓰다
목소리가 크다
물불 가리지 않다
미역국을 먹다
바가지를 긁다
바가지를 쓰다
바람을 피우다
발 디딜 틈도 없다
발 벗고 나서다
발 빼다
발등에 불이 떨어지다
발목을 잡다
발을 구르다
발을 끊다
발이 넓다
밤낮이 없이
배가 아프다
벽에 부딪히다
불을 끄다
불을 보듯
불이 나다
불이 붙다
비위를 맞추다
비행기를 태우다
산 넘어 산
색안경을 쓰다
소귀에 경 읽기
속을 썩이다
속을 태우다
속이 터지다
손발을 맞추다

附录五 历届韩国语能力考试中出现过的惯用语

손발이 맞다	어안이 벙벙하다	장단을 맞추다
손에 땀을 쥐다	얼굴이 두껍다	정신이 없다
손을 내밀다	엎친 데 덮친 격	제 눈에 안경
손을 덜다/더다	열매를 맺다	쥐 죽은 듯
손을 대다	열을 받다	지푸라기라도 잡다
손을 떼다	일침을 가하다	직성이 풀리다
손을 씻다	입담이 좋다	짚신도 짝이 있다
손을 잡다	입방아를 찧다	쪽팔리다
손이 모자라다	입심이 세다	찬물을 끼얹다
손이 작다	입씨름을 하다	코 앞에 닥치다
손이 크다	입에 맞다	콧대가 높다
쇠뿔도 단김에 빼라	입에 오르내리다	큰 코 다치다
숨을 거두다	입에 침이 마르도록	파김치가 되다
숨이 막히다	입에 풀칠하다	하늘 높은 줄 모르다
숨이 차다	입을 다물다	한 눈을 팔다
식은 죽 먹기	입을 떼다	한 술 더 뜨다
신경(을) 쓰다	입을 모으다	한 잔 하다
신이 나다	입을 열다	한턱 내다
십년 감수하다	입이 가볍다	함흥차사
앞뒤가 맞다	입이 걸다	허리띠를 졸라매다
앞뒤가 맞지 않다	입이 닳도록	혀가 굳다
앞뒤를 재다	입이 더럽다	혀를 굴리다
애를 쓰다	입이 무겁다	혀를 내두르다
애를 태우다	입이 삐죽하다	혀를 놀리다
어깨가 늘어지다	입이 싸다	혀를 조심하다
어깨가 무겁다	입이 짧다	혀를 차다
어깨를 나란히 하다	자나 깨나	호흡이 맞다
어깨를 으쓱거리다		

附录六 第35届韩国语能力考试写作真题及参考答案

TOPIK II 쓰기 (51번!~54번)

※ [51~52] 다음을 읽고 ㉠와 ㉡에 들어갈 말을 각각 한 문장으로 쓰십시오. (각 10점)

51.

무료로 드립니다
저는 유학생인데 공부를 마치고 다음 주에 고향으로 돌아갑니다. 그래서 지금 (　　　　　　　). 책상, 의자, 컴퓨터, 경영학 전공 책 등이 있습니다. 이번 주 금요일까지 방을 비워 줘야 합니다. (　　　　　　　　). 제 전화번호는 010-1234-5678입니다.

㉠: _____

㉡: _____

52.

퍼즐은 여러 개의 조각을 모두 제 위치에 놓아야 하나의 그림이 완성된다. 그런데 만일 (　　　　　　　). 사회와 개인의 관계도 마찬가지이다. 사회를 구성하는 모든 개인도 있어야 할 자리에 있어야 한다. 그래야 (　　　　　　　).

㉠: _____

㉡: _____

※ [53] 다음 그래프를 보고, 연령대에 따라 필요하다고 생각하는 공공시설이 무엇인지 비교하여 그에 대한 자신의 생각을 200~300자로 쓰십시오. (30점)

30대와 60대 성인 남녀 500명을 대상으로 '필요하다고 생각하는 공공 시설'에 대해 설문 조사를 하였다.

166

※ [54] 다음을 주제로 하여 자신의 생각을 600~700자로 글을 쓰십시오. (50점)

> 사람들은 다양한 경제 수준의 삶을 살고 있으며 그러한 삶에 대해 느끼는 각자의 만족도도 다양하다. 그러나 경제적 여유와 행복 만족도가 꼭 비례 한다고는 할 수 없다. 경제적 여유가 행복에 미치는 영향에 대해 아래의 내용을 중심으로 자신의 생각을 쓰십시오
> • 사람들이 생각하는 행복한 삶이란 무엇인가?
> • 경제적 조건과 행복 만족도의 관계는 어떠한가?
> • 행복 만족도를 높이기 위해 어떠한 노력이 필요한가?

参考答案

[51] 참고답안: ㉠ 그 동안 사용했던 제 물건들을 정리하려고 합니다.
　　　　　　㉡ 그러니까 물건이 필요하신 분들은 금요일 전까지 연락해 주시기 바랍니다.

[52] 참고답안: ㉠ 퍼즐 조각이 제 자리에 놓이지 않으면 그림은 완성되지 않는다.
　　　　　　㉡ 비로소 사회가 하나로 돌아가기 때문이다.

[53] 참고답안:
　　30대와 60대 성인 남녀를 대상으로 필요하다고 생각하는 공공시설에 대한 설문조사를 실시하였다. 조사 결과 30대의 경우 공연장 문화센터가 40%로 가장 높게 나타났으며 병원 약국이 28%로 그 뒤를 이었다. 반면에 60대는 병원 약국이 전체의 절반 수준인 50%로 가장 높게 나타났으며 공연장 문화센터가 23%로 조사되었다. 공원 시설의 필요성에 대한 견해는 30대와 60 대가 22%로 동일하게 나타났다. 이상의 설문 조사 결과를 통해 자신의 나이와 직접적으로 관계가 있는 공공시설에 대한 요구가 상대적으로 크다는 사실을 알 수 있다.

[54] 참고답안:
　　일반적으로 사람들은 경제적으로 여유가 있으면 다른 사람들보다 더 행복할 것이라고 생각한다. 그러나 반드시 그러한 것은 아니다. 굴지의 기업 총수라고 해서 특별히 더 행복해 보이지 않는 것만 보더라도 그 사실을 잘 알 수 있다. 경제적 여유가 정신적 안정과 만족을 가져오는 것은 아니다.
　　물론 행복해지려면 어느 정도의 경제적인 조건은 요구된다. 사람에게 필수적인 의식주가 해결되지 않은 상황에서는 행복의 크기가 경제력과 비례 관계에 있다고 볼 수도 있다. 그러나 의식주가 큰 문제가 되지 않는 요즈음, '먹고 살 걱정'에서 놓여난 다음 잉여의 경제력을 어떻게 처리하느냐의 문제를 두고 고민할 필요가 있다. 배고픈 예술가가 행복할 것이라고 여기는 사람은 별로 없을 것이다. 그렇다고 해서 배만 부른 부자가 되기를 원하는 사람도 별로 없다. 결국 행복이

란 안락한 생활과 스스로 만족하는 삶에서 느낄 수 있는 것이다.

　　행복해지기 위해서는 우리 자신이 스스로 행복하다고 느낄 수 있는 환경에서 생활하는 것이 중요하므로 그런 상황을 자주 만들려고 노력하는 자세가 필요하다. 언제 행복한지, 누구와 있을 때 행복한지 그리고 무슨 일에서 행복함을 느끼는지를 잘 알게 된다면 그것이 그리 어려운 일은 아닐 것이다. 다시 말해서 약간의 '여유'가 생긴다면 그 여유를 언제, 누구와, 무엇을 하면서 쓸 것인가에 대해 가끔씩은 생각하면서 사는 것이 중요하다. 물론 그 여유를 누리는 것이 다른 사람의 행복을 방해하지는 않아야 할 것이다.

主要参考文献

김두한(2000),『국어문장 표현법』, 학문사
김승종 등(2014),『글쓰기와 말하기』, 한올출판사
김승종(2000),『올바른 사유와 글 쓰기』, 전주대학교출판부
김진해(2012),『유학생을 위한 글쓰기』, 도서출판 역락
권두환·김선굉(2003),『고등학교 작문』, 아침나라
박동순(2004),『설명문 논설문 독서감상문 글쓰기』, 창작나무
박동순(2004),『생활문 기행문 일기 편지 글쓰기』, 창작나무
문화관공부(2004),『국어 어문 규정집』, 대한교과서주식회사
서정수(1996),『현대국어문법론』, 한양대학교출판원
성낙수·방영민(2003),『고등학교 작문』, 신원문화사
손동인(1985),『오늘의 文章講話』, 창조사
심훈(2012),『한국인 글쓰기』, 민하디지탈아트
이익섭·이은경(2003),『고등학교 작문』, 학연사
이병호(2007),『글짓기 이렇게 하자』, 도서출판 박이정
임인재(2004),『논문 작성법』, 서울대학교출판부
임용웅(2004),『계단식 중학 열린 글짓기(1단계)』, 예문당
임용웅(2004),『계단식 중학 열린 글짓기(2단계)』, 예문당
장하늘(2014),『글쓰기 표현사전』, 다사북스
최웅·유태수(2003),『고등학교 작문』, 청문각
한국어능력시험연구회(2014),『TOPIK II 한국어 능력시험 모의고사』, 시대고시기획
崔羲秀等(2004),《韩国语阅读与写作》,延吉:延边大学出版社
林从纲等(2005),《韩国语概论》,北京:北京大学出版社
郝维(2005),《应用文写作教程》,北京:商务印书馆
任文贵等(2004),《应用文写作词典》,北京:人民日报出版社
王秀文等(2004),《实用日语写作教程》,北京:外语教学与研究出版社
杨振清等(1998),《实用应用文写作》,北京:冶金工业出版社
张光军(1998),《韩国语应用文写作教程》,沈阳:辽宁民族出版社
庄涛等(2003),《新版写作大辞典》,上海:汉语大词典出版社